E. MARTINREL.

UNE PERSÉCUTÉE

AU XIXe SIÈCLE

PAR

M***

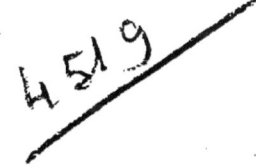

PARIS

F. COURNOL, LIBRAIRE-ÉDITEUR

20, RUE DE SEINE, 20

UNE PERSÉCUTÉE

POISSY. — TYP. ET STÉR. DE A. BOURET.

UNE

PERSÉCUTÉE

AU XIXE SIÈCLE

PAR

M ***

PARIS

F. COURNOL, LIBRAIRE-ÉDITEUR

20, RUE DE SEINE, 20

1866

UNE PERSÉCUTÉE

1

La lutte acharnée et incessante du parti clérical et de l'esprit moderne vous a remis en mémoire ma triste mésaventure et vous me priez de vous en raconter les détails; quoique ce soit rouvrir douloureusement une plaie qui saigne encore, je veux bien, pour l'amour de vous, faire un retour sur ce passé que je tâche d'oublier.

Victime d'intrigues ténébreuses et de manœuvres déplorables, j'ai vu mon bonheur s'anéantir, ma carrière se briser et s'engloutir une notable partie de ma fortune. Une coterie implacable a foulé mon bonheur aux pieds, et s'est rendue solidaire de la guerre à outrance que m'avait d'abord déclarée une personnalité haineuse et malfaisante.

Tel est l'inconvénient de ces franc-maçonneries dévotes, stigmatisées par la circulaire de M. de Persigny... Ayez le malheur de déplaire à l'un des membres de ces associations, que ce membre soit méchant, hypocrite et surtout vindicatif, il ameutera contre vous la masse de ses confrères; et des hommes d'honneur et de bonne foi se feront les complices de noirceurs qu'ils n'ont garde de soupçonner.

Deux hommes se trouvent en présence, comment hésiter entre un confrère édifiant de tout point et un homme isolé, sans autre appui que lui-même.

Dans chaque ville, grande ou petite, se rencontrera toujours un centre d'action, assez puissant pour perdre, pour écraser le mécréant qui n'a pas courbé la tête assez bas devant le pouvoir d'aujourd'hui.

Ce pouvoir, c'est l'association laïco-cléricale.

Ne croyez pas que ceci soit une exagération ou une plaisanterie : jamais le parti clérical, recruté par des auxiliaires les plus divers et les plus incohérents, n'a été aussi fort qu'à l'heure qu'il est...... Les gouvernements les plus robustes et les mieux armés sont obligés de compter avec lui. Qu'est-ce donc quand ce parti s'attache à l'individu?... Ce n'est plus même la lutte, les forces sont trop inégales...

Persécution, oppression, écrasement définitif, c'est

à quoi doit s'attendre tout homme assez hardi pour résister à cet ennemi qui est partout et qui ne se rencontre nulle part et... qu'aucune main ne saurait atteindre.

Avant de recevoir moi-même les coups de cette terrible et puissante coterie, combien ai-je raillé, ai-je nié ce pouvoir occulte qui me semblait un rêve d'imagination malade... La rude expérience m'a forcé à voir la réalité, et maintenant, en posant la main sur mon cœur déchiré, je sens qu'il est d'autres persécuteurs que les tourmenteurs et les bourreaux.

Vous vous rappelez cette jolie Marie Tillières avec laquelle mon mariage était si près de se conclure, que je crus devoir en faire part à mes amis, et vous vous souvenez aussi que je ne vous oubliai pas en cette occasion.

J'aimais passionnément cette charmante et douce créature, et, faut-il le dire, je l'aime encore. En traçant ce nom chéri, ma main tremble d'émotion, et un soupir profond soulève péniblement ma poitrine.

Peu de temps après mon arrivée à C..., j'avais été introduit dans sa famille par Gustave V... Mes relations avec M. Tillières devinrent bientôt fort amicales. La nature de nos fonctions nous rapprochant chaque jour, je pus apprécier cet excellent homme, le meilleur et le plus aimable que j'aie jamais connu.

Marie Tillières, gracieuse jeune fille de dix-huit ans, m'accueillait avec distinction, et je ne tardai pas à en devenir follement amoureux.

Un mariage entre nous semblait si raisonnable, si bien assorti, que rien ne paraissait devoir l'entraver, en supposant que je convinsse à mademoiselle Tillières et à ses parents. Je me livrai donc sans arrière-pensée à l'espoir de réussir. Sous le rapport de la fortune l'avantage était de mon côté. J'avais subi tous mes examens, et vingt-sept ans, ma position d'agrégé, dans une chaire bien rétribuée, un extérieur passable : tout cela pouvait sans fatuité me donner la prétention d'être bien accueilli d'une famille.

Avant de faire une démarche auprès de M. et de madame Tillières, j'essayai un peu de savoir ce que pensait Marie.

Je ne suis pas naturellement un grand observateur, cependant je croyais m'apercevoir que madame Tillières n'était pas absolument bonne pour sa fille et qu'elle exerçait sur elle une domination hautaine. En cas de refus ou d'accueil, je voulais être sûr de ne pas contrarier la jeune fille et de ne point lui attirer de désagréments.

Pendant une petite soirée chez un de nos collègues, malgré la surveillance inquisitoriale de la mère, je parvins à m'approcher de Marie; il me parut que l'aimable fille se prêtait assez volontiers à mes intentions et qu'elle m'avait deviné. Je ne réussis qu'à lui jeter ces quelques mots : Vous déplairait-il si j'osais demander votre main à vos parents... Elle me regarda de ses beaux yeux noirs, doux et expressifs, et le regard fut accompagné d'un sourire qui répondait favorablement à ma prière.

Quelle délicieuse nuit je passai après cette bienheureuse soirée! Je me rappelle qu'il pouvait être la mi-février; il faisait un beau clair de lune, un temps doux : je restai plus de deux heures assis à ma fenêtre, le cœur ému et la tête remplie de rêves de bonheur et de tendres illusions.

Je me voyais installé dans ce paisible intérieur, ayant pour compagne une douce et charmante personne, pour beau-père un homme que je chérissais déjà à l'égal d'un père..., une belle mère... A vrai dire cette femme sèche qui ne riait jamais franchement, qui pinçait ses lèvres minces à toute occasion, et donc le regard pâle, mais profond, semblait lire dans les secrets de votre conscience, ne m'offrait qu'un médiocre attrait..

Quoiqu'elle fût parfaitement polie avec moi, je sentais sous cette politesse quelque chose de froid et d'acéré qui m'inquiétait, lorsque je venais à y songer sérieusement.

Je ne me rendais pas bien compte de l'organisation intime de cette famille. Il y avait toujours un peu de gêne dans la douceur affectée de madame Tillières vis-à-vis de son mari; comme aussi mon collègue ne paraissait pas à l'aise lorsque sa femme laissait tomber sur lui un de ces regards singuliers qui ressemblaient à une menace. Marie idolâtrait son père, mais elle était contrainte avec sa mère; cependant elle lui parlait toujours avec déférence et supportait, sans trop paraître en souffrir, certaines brusqueries doucereuses qui me révoltaient.

Je me disais que si j'avais un jour pour moi la fille et le père, nous saurions bien entraîner la mère; ceci ne m'empêchait pas de faire assidûment ma cour à cette dernière afin de gagner ses bonnes grâces.

Les choses en étaient là, lorsque je résolus de parler moi-même à M. Tillières, évitant ainsi de mettre en jeu une diplomatie intermédiaire. L'extrême bienveillance que me témoignait ce digne homme, la familiarité qui régnait entre nous, malgré la différence de nos âges, m'autorisaient d'ailleurs à en user de la sorte. Ce fut donc en nous promenant aux environs de la ville que je hasardai cette ouverture qui me tenait tant au cœur.

Le même bon et affectueux sourire de Marie se répéta sur la physionomie de son excellent père.

— En vérité, me dit-il avec une adorable bonhomie, mon cher Fabrègue, vous pensez à ma petite fille? Rien ne saurait me faire plus de plaisir, et je vous dirai franchement que, si c'était l'usage de se choisir un gendre, je ne le choisirais pas autre.

J'eus envie de me jeter au cou de ce brave homme.

— Il y aura bien une petite difficulté, ajouta-t-il après un moment de réflexion, c'est la mère… Cependant vous êtes un si bon garçon que je ne vois pas ce qu'elle pourrait objecter… Ensuite, il y a la petite… Je ne voudrais pas pour tout mon bonheur à moi qu'elle fût contrariée.

Je lui avouai ce que j'avais fait. Il se prit à rire… Voyez donc, dit-il, avec cette mine sérieuse… Je ne vous croyais pas si roué que cela : mais, de grâce, n'allez pas vous vanter de ce bel exploit à la mère : elle ne vous pardonnerait jamais. Il ne faut pas non plus qu'elle sache que nous avons causé en dehors de son assistance… Ce n'est pas précisément une mauvaise créature que ma femme; cependant il faut marcher droit avec elle : vous ne sauriez croire, mon ami, comme elle est pointilleuse, susceptible; de plus, elle a une grande influence sur sa fille. J'aurais pu répondre que cet aveu ne m'apprenait rien, mais voulant éviter toute parole imprudente ou désagréable, je me contentai de dire que je ferais tous mes efforts pour me faire agréer par madame Tillières.

— Écoutez, reprit monsieur Tillières, présentez-vous dans quelques jours, après notre dîner..., mardi par exemple. Ma fille sera tout le soir chez une dame de nos amies. Alors vous ferez votre demande officielle, et surtout adressez-vous plutôt à ma femme qu'à moi : cela la disposera en votre faveur. Dieu veuille, mon cher ami, que tout marche selon nos vœux ! je l'espère et je le désire de tout mon cœur.

Peu à peu et en continuant notre promenade, le bon Tillières m'ouvrit son cœur : il me dit qu'il n'était pas heureux, non plus que sa fille, que sa femme était une dévote hargneuse et entêtée qui le faisait souffrir, et que, pour vivre en paix, il avait été parfois obligé de faire de rudes concessions : Il ne faut pas, ajouta-t-il, que cela vous effraie, mon ami : ma petite Marie, quoique dévote aussi, ne ressemble point a sa mère; elle est, comme moi, faible de volonté et bien douce, la pauvre mignonne ! Je suis persuadé que vous ferez le meilleur ménage du monde ; car vous avez tous deux un bon caractère, et c'est un point essentiel pour l'agrément de la vie commune. La difficulté sera d'arriver à une conclusion. Jusqu'à présent il ne s'était point présenté pour Marie de parti qui pût donner lieu à de sérieuses réflexions ; je ne sais donc trop ce que ma femme pense là-dessus. Enfin, venez mardi et ne prenez pas la mouche, si vous êtes accueilli un peu je ne sais comment.

Nous nous quittâmes en nous serrant cordialement la main, et j'attendis avec mille anxiétés et tourments d'esprit le jour fixé par M. Tillières.

Les choses se rencontrèrent comme il me l'avait dit. Marie avait dîné chez une amie, et je ne trouvai dans le petit appartement qui servait de salle à manger et de cabinet de travail, que le père et la mère. M. Tillières lisait son journal, tandis que sa femme tricotait un bas de grosse laine grise, qu'il me semble voir encore entre ses mains nerveuses et ridées. Suivant son habitude, et après avoir répondu à mon salut par quelques brèves paroles, elle continua de travailler et laissa la conversation s'établir entre son mari et moi.

Autant la bonté paternelle de Tillières me portait à la confiance, autant la roideur de sa froide compagne m'inspirait de crainte et de répulsion. Confus, embarrassé, je laissais tomber au hasard quelques mots sans suite, et je n'osais du tout aborder cette question vitale qui pouvait être résolue par une simple négation. En examinant attentivement le visage sombre et compassé de ma future belle-mère, il me semblait que cette femme dût toujours dire non.

Enfin, comme la soirée s'avançait, le père de Marie me vint en aide. — Qu'avez-vous ce soir, me dit-il, est-ce que vous seriez malade, mon ami? je vous trouve étrange, distrait... — Il est vrai, monsieur, j'ai là quelque chose qui me préoccupe. — Et je pressai mon front de mes deux mains. — Je voudrais pourtant bien vous faire une confidence à tous deux... à madame surtout... — A moi! — Le regard de madame Tillières quitta son ouvrage et se reposa sur moi pendant une seconde... Ce regard n'avait rien d'encourageant...

— Oui, à vous, chère madame... Si je ne craignais point de vous paraître bien hardi, je vous dirais que je suis venu ce soir pour demander la main de mademoiselle Marie.

— Vraiment! répondit-elle avec un sourire équivoque et en déposant tout à fait son ouvrage... Ah!

M. Fabrègue, est-ce que vous songez à vous marier?...

— Pourquoi pas, chère madame?...

— C'est que vous êtes bien jeune...

— A vingt-sept ans?... Croyez-vous donc que je ne sois pas assez raisonnable, madame?

— Vingt-sept ans!... répéta-t elle, vous me sembliez plus jeune... Au fait vous ferez bien de vous marier : cela vaudra mieux que de vivre, comme vivent vos collègues et vos amis. Ce qui ne veut pas dire cependant que je vous accorde la main de ma fille...

— Au moins puis-je espérer que vous voudrez bien...

— Je réfléchirai, monsieur; j'en parlerai avec M. Tillières; dans une quinzaine nous nous reverrons.

Marie rentra sur ces paroles et nous délivra de la contrainte où nous nous trouvions tous trois. La société est ainsi faite qu'une demande en mariage, chose toute naturelle et fort raisonnable, met à la gehenne, les parents de la jeune fille d'abord, et puis le pauvre diable qui est là tout sot et tout tremblant, comme s'il venait de commettre quelque mauvaise action. Mais passons... Marie, dis-je, rentra juste au moment où nous ne savions plus que dire les uns et les autres.

Elle me parut plus jolie et plus gracieuse que jamais. L'air vif du soir, en dérangeant un peu ses épais bandeaux, avait déposé sur ses joues fraîches une teinte rosée, qui donnait à sa physionomie je ne sais qu'elle animation inaccoutumée. En passant près de moi pour embrasser son père, elle me jeta un coup-d'œil qui voulait dire qu'elle avait deviné le sujet de ma visite. Elle ôta son chapeau, son burnous et les déposa sur un fauteuil; un geste imperceptible de sa mère la fit rougir; elle reprit ses vêtements et disparut.

J'ignore ce que cette terrible femme pouvait trouver d'inconvenant à une action si simple; mais son visage exprimait une colère rentrée qui m'épouvantait pour la pauvre Marie.

J'attendis quelque temps... La jeune fille ne revint point...

Nous parlâmes à bâtons rompus de la gelée qui avait repris..., d'un pont qu'on allait construire vis-à-vis de leur maison..., du mariage de monsieur un tel, de la mort de tel autre, etc...

En me levant pour me retirer, je saluai respectueusement madame Tillières ; je la suppliai de vouloir bien entrer dans mes intérêts et de plaider ma cause auprès de son mari et de sa fille. Je l'assurai que, si j'étais assez heureux pour être agréé, elle n'aurait pas un gendre plus dévoué et plus affectueux que moi.

Elle m'écouta et ne me répondit rien. Cependant il était facile de voir qu'elle était flattée de ma petite harangue et surtout de ce que j'avais tout l'air de ne pas compter son mari pour grand'chose.

Le lendemain M. Tillières me dit que je m'étais très-bien comporté : que sa femme, quoique ayant gardé un silence absolu sur ma visite, lui semblait bien disposée. Pendant plus d'une semaine ce fut la même chose. Il paraît que la dame se renfermait dans sa dignité silencieuse. Je trouvais cela terriblement impatientant, et je ne partageais pas la quiétude de mon ami qui me disait que tout irait bien.

Un soir, après la classe, il me tira à part et m'emmena par un petit sentier désert du côté de la campagne. — Enfin, dis-je, elle a parlé... Que vous a-t-elle dit?... puis-je espérer? Si vous saviez, j'aime tant votre chère Marie!... je ne me consolerai jamais si l'on me refuse.

— Mais attendez donc, bavard, et laissez-moi dire. J'ai frappé un bon coup... C'est que la dépendance que je subis m'a rendu quelque peu roué et, quoique cela soit à cent lieues de mon inclination, je m'avise parfois de me servir contre ma femme des armes qu'elle a si souvent employées contre moi. Figurez vous, mon cher ami, que ma pauvre femme fait consister sa dévotion, sa religion, si vous voulez, à communier deux ou trois fois par semaine; joignez encore à ces pratiques une manie d'associations, foyers de commérages, dont je ne comprends pas bien l'utilité, mais qui tiennent une grande place dans son existence. Hors de là, c'est une femme tout comme une autre, un peu acariâtre, aimant à primer et à dominer, et envieuse comme le sont toutes les femmes, quand il s'agit d'elles ou de leurs enfants. Quoiqu'elle ne soit pas trop douce avec sa fille, elle en est fière, elle l'aime à sa façon et elle tient à ce qu'elle puisse paraître à son avantage parmi les autres jeunes filles. Son ambition est de la bien marier, de la marier avant telle ou telle autre de ses amies... — C'est une petitesse de province.

Or donc, connaissant ce travers de ma femme, je l'ai exploité adroitement.

— Vous connaissez la famille Marigny; il y a là une bien jolie fille, que la mère vous donnerait volontiers.

— Oh! oui; et j'ai reçu de cette maison des politesses étranges...

— Je sais... je sais... point de fortune, une belle personne qui meurt d'envie de se marier; et vous,

Adrien, un joli garçon avec une bonne place, de la conduite, quelque argent par-dessus le marché, rien de mieux... Madame Marigny vous prône partout, et je ne suis pas le seul qui ait deviné qu'elle pensait à vous pour sa fille.

Ce matin je suis revenu sur votre démarche, et madame Tillières s'enfonçait plus que jamais dans son mutisme taquin... Eh, dis-je, tu as peut-être raison, ma chère amie, de voir cette proposition de mauvais œil, nous sommes très-bien avec les Marigny, et... — Qu'est-ce que les Marigny ont de commun, s'il vous plait, avec la demande de votre collègue?...

— C'est que Fabrègue paraîtrait convenir beaucoup à cette famille, et depuis si longtemps que la mère se vante de marier sa fille sans un sou de dot bien avant notre Marie... — Ah! elle se vante de cela, madame Marigny?... et, de peur de la contrarier, vous donneriez volontiers congé à M. Adrien... Je vous reconnais bien là, mon cher mari! heureusement que j'ai du caractère pour deux et même pour trois, car vraiment, Marie vous ressemble bien. Maintenant vous direz à M. Fabrègue qu'il peut se présenter de nouveau, que je lui permets l'entrée de notre maison, comme aspirant à la main de ma fille : mais faites bien attention à deux choses, n'allez pas vous jeter comme un niais à la tête de ce jeune homme et lui donner à croire que vous êtes pressé de vous débarrasser de votre fille... En second lieu, signifiez-lui qu'il ne sera jamais seul avec Marie, pas même une minute. De plus, et, c'est pour vous seul ceci, je ne veux pas de longueurs dans les amours ; la religion défend les fréquentations trop prolongées, et Marie pourrait finir par avoir de mauvaises pensées... Vous me comprenez peut-être, quoique vous ayez l'esprit aussi lourd que vos in-folios.

Voilà, mon pauvre Adrien, le speak gracieux de ma femme ; vous conviendrez, vous, que tout niais et tous épais d'intelligence qu'elle me suppose, je m'en suis joliment tiré.

Je pris les mains de mon brave ami et je le remerciai avec une effusion qui lui causa une sorte d'attendrissement.

— Si vous saviez, mon enfant, combien je serai heureux le jour où ma pauvre Marie échappera aux taquineries et aux boutades de sa mère... Quand je serai tout seul pour supporter l'orage, je vous jure que je me soucierai peu quand et comment il grondera : je m'enfermerai dans mon cabinet avec mon Hérodote et mon Lucien, et le diable m'emporte si je me soucie de ses colères et de ses réflexions impertinentes. Les livres, mon cher ami, ont cela de bon quand on les aime : ils consolent et tiennent lieu de tout. Dieu veuille cependant que vous n'ayez jamais à subir cette cruelle expérience.

Un profond soupir acheva cette phrase. Je compris que M. Tillières était malheureux et profondément froissé, et en même temps je demeurai confondu de son étrange faiblesse. Elle m'inquiéta pour l'avenir.

Après un moment de silence, il reprit : Ne venez pas demain, ma femme plie son linge, c'est un jour de tapage et de bourrasque... Après-demain, c'est la réunion des enfants de Marie, et elle rentre ordinairement de mauvaise humeur, sans doute parce qu'elle a dépensé toutes ses câlineries et gentillesses avec les bonnes sœurs. Venez donc jeudi...; encore il y a je ne sais quelle adoration ; n'arrivez qu'après trois heures, afin qu'elle ait le temps de quitter son chapeau, de gronder sa bonne et de faire son feu...

Tout cela était dit moitié gaiement, moitié tristement, mais sur un ton qui annonçait que chacune de ces épingles allait droit au cœur du pauvre homme.

J'avais trompé l'ennui de cette longue quinzaine, en me donnant plus d'une fois le plaisir de rencontrer de loin la jeune fille que j'aimais. La mère, entortillée dans son voile noir, ne m'apercevait point. Il n'en était pas ainsi de la jeune fille. Bien qu'il y eût un peu de trouble sur sa charmante physionomie, elle avait pour moi un gentil et doux regard que je n'oublierai jamais, et que je ne retrouverai plus dans les yeux d'une autre femme.

Je vous l'avoue en toute franchise, c'était mon premier amour; car les désordres de Paris n'avaient fait que m'effleurer et je n'y avais contracté aucune liaison qui méritât le nom d'amour.

Ce bienheureux jeudi, qui se fit attendre une éternité, vu mon impatience, me trouva dans une disposition de bonheur et de joie qui me sembla de bon augure.

On m'attendait : je le vis à l'ordonnance de l'appartement; mais je sus gré à Marie de n'avoir rien changé à sa simplicité accoutumée, contrairement aux usages de province qui veulent qu'une jeune fille qui va recevoir son prétendu, se pare comme une châsse et se mette en quelque sorte sous les armes. Au fait, qu'avait-elle besoin de parure?... Ses beaux cheveux noués sans prétention retombaient un peu sur la nuque, une robe de mérinos brun, attachée sur la poitrine avec des boutons et des rubans de velours noir, un petit col blanc renversé, des manches pareilles au col : telle était sa mise, dépourvue de toute recherche; et cependant comme elle était gracieuse et jolie!... Elle travaillait tranquillement auprès d'une fenêtre; à mon arrivée, elle se leva sans embarras et sans fausse pruderie. Ses grands yeux noirs s'arrêtèrent un moment sur moi. Je voulus tendre la main à madame Tillières; mais elle retira la sienne. Elle avait si peur des mauvaises pensées...

Elle fut pourtant aimable et donna un tour supportable à la conversation. Ce n'est pas qu'elle manquât d'esprit, seulement cet esprit s'était entièrement faussé et, tel que certains corps, il affectait des déviations singulières.

Pendant notre conversation, Marie continua sa broderie et, comme sa mère était tournée de son côté, elle n'osait guère lever les yeux.

M. Tillières rentra et joua fort bien la surprise : il était censé ignorer le moment précis de ma visite, et continua de causer comme si nous fussions restés seuls. Cependant, ayant remarqué que son mari avait oublié de frotter ses chaussures au paillasson, elle lui jeta deux ou trois paroles désobligeantes sans interrompre pour cela le fil de son discours.

J'insiste sur ces puérils détails, afin de vous faire

bien comprendre le caractère de cette femme. Vous savez que l'homme, et la femme encore plus, se définit et se montre dans les petites choses. Tel qui joue habituellement la comédie et pose avec succès lorsqu'il s'agit d'actions graves et sérieuses, de ces actions où le monde a les yeux sur vous, s'échappe et se fait voir par ses plus vilains côtés dans la vie intime, où le masque est déposé sans façon. C'est une vérité banale, mais qu'on ne peut s'empêcher de répéter : qu'il n'y a point de grand homme pour son valet de chambre. Si je ne craignais de vous paraître aussi voltairien que l'on m'a voulu faire, j'ajouterais qu'il n'est point de dévote pour sa servante ; pas beaucoup de saints non plus pour quiconque les voit dans leur déshabillé, et enfin, que le portrait de madame Tillières peut s'appliquer à la majeure partie des dévotes de profession, qui semblent se croire dispensées des devoirs sociaux, par cela même qu'elles se croient en règle avec Dieu. Anges à l'église, diables à la maison !... Chose hardie et trop vraie, que j'ai entendue tomber de la bouche d'un prédicateur devant une assemblée de dames.

Mais revenons à notre sujet. Je disais donc que madame Tillières réprimanda sèchement son mari pour un peu de boue qui restait après ses chaussures. Il ne répondit rien, se leva et retourna s'essuyer au paillasson. La jeune fille rougit, et une expression qui tenait le milieu entre la crainte et l'ironie, anima pour un moment son visage, qu'elle s'efforçait de rendre impassible, sans y réussir toujours.

Une fois cet incident vidé, M. Tillières reprit sa place au coin du foyer ; il appela près de lui sa fille chérie et la fit asseoir entre nous deux. Madame fit une grimace de désapprobation, tout en continuant de parler. Entr'autres choses intéressantes qu'elle nous raconta, je remarquai les épigrammes qu'elle décocha contre les dames de l'association de je ne sais plus quoi, lesquelles dames ne venaient jamais faire leurs heures d'adoration et envoyaient leurs femmes de chambre pour les remplacer... Elle ajoutait que c'était une horreur, que, sans elle et sans sa fille, le saint Sauveur se serait trouvé tout seul, qu'elle avait pris un cruel froid aux pieds, etc...

Nous étions au commencement du carême. Nous parlâmes du prédicateur. J'avais été l'entendre deux fois. Il est vrai que la gentille Marie m'attirait-là beaucoup plus que mes sentiments de piété.

En sa qualité de dévote, madame Tillières jugeait sévèrement le personnage. Il prêchait trop brièvement : une demi-heure !... qu'est-ce ?... Puis il négligeait les personnes pieuses et ne fréquentait que les dames mondaines; probablement parce que ce sont elles qui donnent les meilleur dîners.

J'avais bien envie de demander à la bonne dame, comment tracer de nos jours une ligne de démarcation entre les femmes dévotes et les femmes mondaines, tant tout cela me paraît mêlé, confondu, inextricable; je gardai pour moi mon insidieuse question... La distinction vint d'elle-même, du reste... Une femme pieuse, c'était elle, qui ne se découvrait point la gorge.

Il est vrai qu'il n'y aurait eu aucun danger pour les yeux, tant elle devait être peu attrayante en pareil état, la pauvre femme! Les dames mondaines, c'étaient celles qui avaient de la beauté, de la jeunesse, un train de maison ou encore de belles filles à marier... Au fait, je reconnaissais qu'à part son étrange malveillance, on pourrait trouver assez drôle la piété organisée comme elle est en certaines villes de province.

En me retirant, je demandai humblement la permission de revenir... Je m'étais tourné un peu du côté de mademoiselle Tillières, qui me fit un petit signe de tête amical. La mère me dit d'un ton fort sec qu'il suffisait qu'elle m'autorisât : je m'inclinai en la remerciant, et je sortis indigné contre ma future belle-mère, me promettant bien, une fois marié, de soustraire ma jeune femme à sa tyrannie; en même temps, je résolus de la ménager avec la plus scrupuleuse attention. Je comprenais que, en dehors d'elle, il n'y avait rien de possible.

Je revins aussitôt que la politesse me le permit. Madame Tillières fut assez gracieuse; mais, comme l'autre fois, elle prit le dé de la conversation, de sorte que je ne pus adresser un mot à sa fille. La pauvre enfant, cette fois, n'essaya pas même de jeter les yeux sur moi. Elle les tint opiniâtrement abaissés sur sa couture, et je n'eus pas le plaisir de la voir sourire. On eût dit que son cœur battait opprimé et contraint par la présence de cette femme acariâtre et despote.

Il en fut ainsi des autres visites, et, comme je pressais la conclusion, j'aurais au moins voulu une parole de Marie, un consentement si peu exprimé qu'il fût. J'essayai plusieurs fois; mais l'impitoyable mère coupait si singulièrement mes phrases, m'arrêtait par des réflexions ou des questions si hors de propos, que je me trouvais tout désarçonné.

Je savais pourtant par Tillières que sa fille voyait avec une douce satisfaction notre projet d'union, qu'ils s'en entretenaient quelquefois, et qu'elle espérait être heureuse.

Tout allait donc pour le mieux, et il fallait bien

me contenter de ce que m'accordait le rigorisme étroit de cette bigote, qui semblait avoir tout à fait oublié qu'elle avait été jeune, belle, et qu'elle avait aimé. Une idée bizarre paraissait la dominer. Le croirait-on? elle craignait que Marie ne se prît d'affection pour moi... pour le jeune homme qui serait bientôt son compagnon inséparable dans la vie.

Tous les sentiments humains et raisonnables, approuvés de Dieu et des hommes, étaient devenus comme une lettre morte pour cette femme qui prenait au mot les théories d'un christianisme outré. — A force de retrancher et d'extirper du cœur de l'homme les affections prétendues terrestres, on finit par l'ossifier et l'endurcir au point qu'il n'est plus propre qu'à la vie contemplative et solitaire.

Madame Tillières, tout en désirant marier sa fille, prétendait qu'elle ne devait ni connaître un peu ni surtout aimer son futur.

Il est incroyable à quel degré de sottise et de bizarrerie on finit par descendre, lorsqu'on admet sans raisonnement un principe absolu.

Je savais tout cela par mon bon collègue, qui me devenait chaque jour plus cher. Tout ira bien, me disait-il : ne vous tourmentez pas; l'amour-propre est engagé, et ma femme, toute sainte qu'elle est, en a certes une dose plus forte que nous autres profanes.

Je n'étais pas aussi tranquille.

Avec un pareil caractère, peut-on être sûr de quelque chose ? Là où il n'y a ni cœur ni raison, où la tête absurde, opiniâtre, est dominée par des calculs qui échappent à toutes les prévisions, peut-on compter sur un lendemain ?

En province il est impossible de rien cacher aux yeux curieux d'une population jalouse et pressée l'une contre l'autre. Le voisin épie la voisine et *vice versâ*. Un projet de mariage est aussitôt ébruité que conçu.

Il n'y avait guères qu'un mois que je fréquentais la famille Tillières, que déjà toute la ville était instruite de ce grave événement.

Le premier qui m'en parla fut le professeur de seconde, mon ancien camarade de l'École.

— Tu vas donc te marier, me dit-il en souriant d'un air narquois. Je te fais mon compliment : ta future est fort jolie et bien élevée, dit-on.

— Oh ! ce n'est pas assez avancé pour que nous en parlions, répondis-je avec un peu d'embarras.

— Mais enfin tu fréquentes la maison. Tu aurais

tort de faire le mystérieux ; ton affaire est connue. As-tu rendu les visites de rigueur et fait les cadeaux ?

— Quelles visites et quels cadeaux ?...

— Comment! tu es si novice que cela?... Est-ce que tu ne sais pas que mademoiselle Tillières a été en pension aux Sainte-Marie.

— Eh ! bien, elle a été en pension aux Sainte-Marie ; après ?...

— Après... ou plutôt avant, mon cher... oui, avant de rechercher mademoiselle Tillières, es-tu allé présenter tes hommages à notre révérende mère supérieure et à M. l'aumonier?... as-tu fait un cadeau à la chapelle... nappe d'autel, tableau ou argenterie? Il serait bon de n'oublier pas le salon coquet de M. l'abbé et de voir s'il n'y aurait point quelque petite lacune... un tapis... un objet d'art par exemple...

— Que me chantes-tu là, repris-je tout étonné et un peu vexé... Est-ce l'usage maintenant de demander les jeunes filles à d'autres qu'à leurs parents?...

— Oui et non...

— Mais explique-toi donc : que veulent dire ces mauvaises plaisanteries ?...

— Tout simplement, mon cher Fabrègue, que

ton mariage est fort aventuré, si tu as négligé d'accomplir ces importantes formalités. Pour arriver aux dévotes et autres, il faut en ce pays-ci passer sous les fourches caudines de la dévotion. Le clergé d'aujourd'hui ne pouvant plus gagner les âmes par la foi et la persuasion, s'est avisé d'une petite terreur morale qui lui réussit assez bien. Les hommes ne s'inclinent pas volontiers devant ce pouvoir d'un autre âge : cependant, en certaines occasions, lorsqu'il s'agit de mariage surtout, nous sommes forcés de reconnaître cette influence et de la subir.

— Voilà la première fois que j'entends parler de semblables billevesées...

— Tant pis pour toi, mon ami; la plupart des jeunes filles élevées au couvent restent sous l'aile dominatrice de leurs saintes maîtresses... Je sais plus d'un garçon de ma connaissance, qui ne valait pas le diable, et qui a dû à ses courbettes et génuflexions le bonheur d'épouser une jeune et jolie fille, bien dotée, ce qui ne gâte rien.

— Je n'ai pas le caractère assez bas pour me ployer à des démarches humiliantes.

— Tant pis!... Tant pis!...

— Enfin je n'ai rien à me faire pardonner...

— Tu crois?... quand ce ne serait que d'être universitaire et assez mauvais chrétien.

— Si j'ai pour moi les parents et la jeune fille, que m'importe le reste?

— Je souhaite que tu n'aies pas à te repentir de ta sotte fierté.

— On ne se repent jamais d'avoir conservé le respect de soi-même.

— Allons, adieu, ne sois pas fâché; mes conseils sont des conseils d'ami.

— Ou de détestables plaisanteries, répliquai-je assez âprement.

Les Marigny, en qualité de collègues et d'amis, ne furent pas instruits les derniers : de plus, certaines personnes s'étaient aperçues des intrigues de madame Marigny : On mit un charitable soin à la prévenir discrètement du mécompte qui lui arrivait. Sa fille était réellement une fort belle personne, mais peu sympathique, à cause de ses airs cavaliers, évaporés. Une délicieuse maîtresse, disaient les jeunes gens..., mais une femme, non...; il faudrait trop d'étoffe pour les robes, trop d'argent pour les bals...; et... et... je ne voudrais pas m'en charger, ajoutaient les moins charitables.

Rien n'était plus problématique que l'établissement de cette belle fille dans des conditions si peu avantageuses.

J'ignore pourquoi madame Marigny avait jeté les

yeux sur moi plutôt que sur tout autre de nos collègues, ou, pour être franc, je vous dirai que cette manœuvre se renouvelait toutes les fois qu'il arrivait un nouveau professeur, ayant un peu de mine ou d'avenir. Je n'avais rien à me reprocher vis-à-vis de cette famille, ne m'étant nullement avancé, soit du côté des parents, soit du côté de la jeune fille. Marie Tillières m'avait plu tout de suite, je ne m'occupais que d'elle depuis mon séjour à C.., et c'est à l'amour qu'elle m'inspira que je dus ma première pensée de mariage.

Cependant j'appris que M. et madame Marigny parlaient assez mal de moi, tout comme si je les eusse trompés et que j'eusse fait la cour à leur fille. Je ne me souciais que médiocrement de leur colère, et je ne croyais pas que l'on pût faire de ces méprisables cancans une arme qui me blesserait plus tard.

Madame Tillières triomphait et jouissait de la déception et du mécontentement de son amie (lisez ennemie). Ces dames se voyaient, se serraient la main, s'appelaient *ma chère*, ce qui n'empêchait pas qu'elles n'eussent bonne envie de se déchirer et qu'elles ne se détestassent à fond.

Lorsque mon mariage s'ébruita, tous les Marigny,

sans exception, me tombèrent donc sur le corps, et Marie ne fut pas trop épargnée.

On disait que notre liaison s'était commencée à l'église; que pendant que la mère marmottait ses orémus, la fille jouait de la prunelle à mon intention, et tous les vilains propos qui peuvent se colporter dans un fond de province où l'on n'a guère d'autres distractions.

Madame Marigny, femme de tête autant que madame Tillières, mais plus madrée, plus souple, ne s'abandonna pas elle-même : elle jura que, bon gré mal gré, sa fille serait mariée avant la fille de la Tillières, comme elle appelait *son amie* dans la petite intimité.

Un vieux garçon riche, mais repoussant d'extérieur et de mœurs affreusement dépravées, séduit par la beauté de Malvina, et comprenant bien qu'il ne pouvait espérer d'en faire sa maîtresse, avait essayé plusieurs tentatives auprès des parents : on le refusa, tout en regrettant qu'il fallût acheter trop cher le plaisir de s'appeler madame de la Borie, d'avoir un équipage, un château, des domestiques en livrées, enfin tout le train de la richesse et d'une noblesse équivoque. Ces Marigny aimaient réellement leur enfant, et le refus venait plutôt d'eux que de Malvina, qui se serait résignée à tout pour acquérir un titre, de la fortune et une position indépendante.

Ce fut de ce côté-là que se retourna la rusée commère. Je ne sais comment elle s'y prit, mais le vieillard, refusé trois fois, se présenta de nouveau, et, au grand ébahissement du public, voilà qu'un beau jour les bans furent affichés à la mairie et, le dimanche suivant, publiés à l'église. Le mariage suivit immédiatement.

Ainsi se réalisa la menace de madame Marigny : sa fille se mariait la première et sans un sou de dot.

La tête manqua tourner à ma future belle-mère. Un débordement de propos atroces tomba de sa bouche sur la mère et sur la fille ; elle osa même insinuer que, madame Marigny ayant été autrefois la maîtresse de M. de la Borie, celui-ci pourrait se trouver l'époux de sa propre fille. J'étais étonné d'entendre de pareilles calomnies articulées sans hésitation, comme sans scrupule, par une femme qui se posait en modèle de piété et de vertu. Je crus aussi m'apercevoir que ce mariage imprévu la refroidissait un peu à mon égard.

Elle parla pendant huit jours de la visite de noce. Malvina avait un cachemire de l'Inde, un mouchoir d'Angleterre, des plumes au chapeau. Madame Marigny disait : l'équipage de mon gendre... Enfin elle trouvait à M. de la Borie l'air tout rajeuni et très comme il faut. Et puis, il était dans les bons principes : un légitimiste pur sang qui s'était montré en 1832 ; cela rachetait bien des vices...

M. Tillières me disait : C'est un engouement; cela passera. Et moi je pensais : L'amour-propre n'est plus en jeu, ou, qui pis est, il est en jeu contre moi.

Madame Tillières, qui jusqu'alors ne s'était pas montrée trop exigeante sur les questions de religion, commença à me taquiner : Elle ne comprenait pas pourquoi je ne faisais pas partie de la société de saint Vincent-de-Paul. Je lui promis de m'y faire admettre. Cette bonne œuvre philanthropique et religieuse m'inspirait alors autant de respect que de sympathie.

Elle me sut gré de ma déférence, d'autant plus que, malgré son despotisme, elle n'avait jamais pu obtenir cette concession de son mari, qui prétendait voir dans toutes ces congrégations un bout de la queue du vieux renard jésuitique. Il me disait cela en cachette... Devant sa femme, il donnait d'autres défaites... Il n'avait pas le temps, il ne pouvait rien distraire de ses heures de travail... Enfin il ne voulait pas...

Parfois il entrait dans des accès de fermeté qui m'étonnaient.. Mais c'était un feu de paille, à moins qu'on ne touchât à sa liberté religieuse.

L'époque de notre mariage, fixée aux vacances, me semblait se perdre dans un obscur lointain, et je me faisais l'idée que je n'y atteindrais jamais. Je prenais pourtant courage, lorsque je voyais Marie travailler activement à certains objets de lingerie dont elle m'indiquait en souriant la destination : C'est mon trousseau que je fais, me dit-elle tout bas un soir, pendant que sa mère querellait la bonne, un des souffre-douleur sur lequel elle passait ses rages d'humeur. J'eus envie, ce jour-là, de baiser la jolie petite main blanche qui courait légère, industrieuse, sur ces gracieux chiffons ; mais je n'osai, tant je craignais d'injurieuses et pénibles observations. Je me repentirai toute ma vie de cette timidité inopportune : c'eût été le seul souvenir un peu tendre de ce cher amour que l'on devait briser sans pitié.

Je m'étais empressé de formuler une demande pour obtenir mon admission à la conférence ; ordinairement cela s'accorde sous un bref délai. N'entendant parler de rien, je m'informai et j'appris avec étonnement que ma demande venait d'être écartée. Pourquoi? On n'en savait rien ; seulement le président s'était montré hostile. Naturellement je voulus savoir le nom de ce président, dont l'inimitié me surprenait en même temps qu'elle m'affligeait, à cause de ma position et des difficultés où ce refus m'engagerait sans aucun doute.

Je cherchai dans mes souvenirs comment j'avais pu froisser cet homme et encourir sa malveillance.

D'abord je ne devinai pas; mais, me creusant bien la tête, je me rappelai que l'hiver passé, notre société littéraire me chargea d'un rapport sur un ouvrage de la plus mince valeur, publié par le susdit personnage. Ce monsieur, homme vaniteux et nul, tout gonflé de son petit mérite, avait eu l'ambition de se faire imprimer. Il imagina de traiter de matières extrêmement rebattues, présentant comme neufs des idées et des faits, un peu recoltés de droite et de gauche, soit dans nos ouvrages, soit dans des auteurs de l'autre siècle. A ce fonds de plagiats, il joignit une raisonnable dose d'absurdités grotesques, qui donnèrent à rire aux hommes légers et firent pitié aux gens plus sérieux. J'eus envie d'abîmer cette sotte production; mais comme il n'est point dans mes habitudes de contrister personne, et qu'au fond la vanité de ce brave homme, qui perçait naïvement à côté de son ignorance, ne faisait tort à qui que ce fût, je me bornai à faire de ce qu'il appelait son ouvrage une éloge modéré... modéré... vous entendez?... De là fureur contre moi... haine mortelle. Je n'avais ni compris, ni senti les beautés de son œuvre. Cela ne devait point étonner : professeur de l'université, je ne pouvais être qu'un âne; élève de l'École normale, j'avais reporté sur son travail la haine que m'inspiraient ses sentiments religieux.

Notez que, sur ma parole, je ne savais du tout quel était l'homme.., impie ou dévot, saint Vincent de Paul ou franc-maçon. Je ne savais qu'une chose : c'est que l'amour-propre l'aveuglait et l'étouffait, qu'il écrivait fort mal, que son livre fourmillait de fautes et que le ridicule du fonds l'emportait encore sur la faiblesse de la forme.

Quoique je ne sois pas essentiellement littérateur, je pouvais apprécier tous ces détails; et, l'ouvrage traitant des matières que j'enseignais, le fonds m'apparaissait avec ses grossières imperfections. Certes, il m'eût été facile de lâcher quelques malicieuses paroles; je ne le fis pas...

Il paraît aussi qu'avant de présenter une demande écrite, j'aurais dû commencer par lui faire une visite, afin de mendier son approbation. Je n'en savais rien... De là recrudescence de haine.

Pour ne point entraver mon récit, je vous raconterai tout à la fois ce que j'appris sur le coup et ce qui me revint plus tard, prenant chaque fait, suivant l'époque où il se produisit, et vous le faisant connaitre avec autant d'ampleur que ma mémoire peut me le permettre.

Maintenant j'ajouterai donc aux autres causes d'inimitié de ce redoutable président le dépit de voir un des partis les plus enviés de la ville passer aux mains d'un infâme professeur, au détriment et au grand chagrin d'un de ses confrères qui le guettait depuis des années.

Cet amoureux discret et patient s'appelait monsieur Vacher, nom assez peu poétique et digne de la chose. Il tenait rue royale un grand magasin de quincaillerie et ferronnerie. Il était riche, vilainement avare, grand dévot de son métier : son gros visage rubicond n'offrait pas des lignes bien distinctes, tout y étant un peu confondu : les yeux enfoncés, le nez épaté descendant sur la bouche, qui se perdait elle-même entre deux joues boursoufflées : tout cela faisait un ensemble qui correspondait parfaitement au nom de Vacher.

Je ne sais comment un pareil homme avait osé lever les yeux sur la jolie et délicate mademoiselle Tillières; mais il paraît que l'amour que l'on défendait tant à la pauvre Marie, peut atteindre sans inconvénient le cœur de ces messieurs, car à la nouvelle inattendue de notre mariage, M. Vacher se livra à une espèce de désespoir qui attendrit le président de la conférence.

— Ce mariage n'est pas fait, dit gravement le président. Tranquillisez-vous, Vacher : les bans seraient affichés, que je me fais fort de tout rompre. Allez à vos affaires, dormez sur vos deux oreilles, et comptez sur moi. Entre confrères, c'est la moindre chose de s'aider et de se soutenir.

Madame Tillières ne manqua pas d'être informée du refus étrange qui venait d'accueillir ma démarche ; cette première atteinte prépara les autres. Elle me reprocha d'une manière mortifiante le peu de cas que les gens pieux faisaient de moi, et ajouta que *mon métier* aurait dû lui ouvrir plutôt les yeux.

Ces paroles amères me blessèrent au cœur, mais je me contins et je la suppliai de ne point admettre de fâcheuses préventions... Je voulus lui expliquer la cause de l'animosité de M. Banoud, le président en question... elle s'emporta et elle me dit qu'elle ne souffrirait point que l'on calomniât devant elle un saint homme, un vrai miroir de piété, dont je n'étais seulement pas digne de prononcer le nom... Enfin elle ajouta qu'après tout, il n'y avait rien de positivement arrêté.

Mon amour pour Marie me fit tout supporter. Elle était présente à cette fâcheuse discussion, et elle me fit, sans être vue de sa mère, un petit signe d'intelligence qui me disait de me taire.

‹Bientôt les choses s'envenimèrent. On jeta dans l'esprit de cette femme d'injurieux soupçons, et on lui reprocha d'avoir consenti à donner sa fille à un universitaire, à un voltairien, au préjudice de quelque pieux jeune homme, qui eût formé avec elle souche de famille catholique. Et, bien que l'on sût que les paroles étaient à peu près engagées de part et d'autre, on lui fit connaître les prétentions de M. Vacher, en mêlant le tout de comparaisons qui, vous le pensez bien, ne furent pas à mon avantage.

Au lieu d'agir franchement, comme on fait entre honnêtes gens et de me donner congé, madame Tillières s'acharna à me tourmenter impitoyablement pour me dégoûter et me forcer à me retirer moi-même. Aucun endroit sensible ne fut épargné, tantôt elle critiquait ma mise un peu plus soignée que celle de mes collègues ; d'autres fois elle déversait des torrents de haine sur notre pauvre et honorable métier. Fille d'un professeur de grand mérite, auteur d'ouvrages d'érudition et dont le nom est resté dans nos fastes universitaires; femme du plus excellent homme qui ait jamais honoré notre profession, elle semblait rougir des égards qu'elle était forcée de conserver au dehors par respect humain et par convenance.

Je ne saurais vous dire combien M. Tillières et moi nous étions désolés de ce revirement.

Marie, pâle et silencieuse, arrêtait sur nous des regards inquiets et suppliants... Pauvre et douce enfant!... mon cœur comprenait ces regards si expressifs et j'étais désespéré de n'y pouvoir répondre que par les miens, sans oser y joindre quelques tendres paroles.

Nous n'étions qu'à un mois des vacances et les choses en étaient à peu près au point où les avait trouvées le mariage improvisé de Malvina; c'est-à-dire que je n'étais ni accepté tout à fait, ni refusé.

Je venais trois à quatre fois la semaine et j'essayais en vain d'obtenir de madame Tillières quelque chose de positif sur l'époque de notre mariage.

Je tentais aussi de me rapprocher un peu plus de ma gentille fiancée, de causer avec elle, de l'attirer davantage à moi... Un soir nous nous promenions dans un petit jardin attenant à la maison; il faisait un beau clair de lune, une douce soirée après une journée de chaleur étouffante... Marie était près de moi, je voulus prendre sa main... Mais madame Tillières qui marchait derrière nous se récria! Pas de familiarités, monsieur, l'Église les défend, et je ne les souffrirai pas.

Le père voulut intervenir. Elle lui dit durement :
— Allez feuilleter vos bouquins, et ne vous mêlez pas de ce qui ne regarde que moi.

Nous rentrâmes en silence. Marie pleurait... Il m'eût été si doux de la consoler, la pauvre chérie !... La crainte de me faire mettre à la porte sans espoir de retour comprima tous mes sentiments, ceux de profonde tendresse, d'indignation et de dégoût.

Monsieur Tillières avait témoigné son mécontentement par un haussement d'épaules, ce fut l'occasion d'une nouvelle querelle... Je ne sais ce qu'elle ne dit point d'acerbe, de mortifiant à son mari, devant sa fille, devant moi.

C'était un samedi soir, et je pensai, non sans horreur, que cette femme irait s'asseoir le lendemain matin au banquet de celui qui a dit : Apprenez de moi que je suis doux et humble de cœur.

Élevé dans une famille du Midi, chrétienne jusqu'au fond du cœur, je suis loin d'être un impie, et j'admire la morale de l'Évangile; je la comprends certainement mieux que beaucoup d'ecclésiastiques...; mais j'avoue que mon contact avec les gens qui se prétendent ici-bas les représentants, les modérateurs et les distributeurs de la sainte parole, ont détruit en moi de chères croyances et de douces illusions.

J'en reviens à cette mégère. Je me suis demandé plus d'une fois où elle trouvait un confesseur qui voulût bien l'absoudre. Médisante, orgueilleuse, injuste et volontaire, menteuse, jalouse, acariâtre, je ne sais comment elle aimait Dieu et quelle idée elle s'en faisait. Enfin j'aurais été curieux de l'entendre expliquer, en se l'appliquant, ce commandement par excellence : Aimez Dieu, aimez votre prochain comme vous-même...

Je n'ai pas vu une plus honteuse dureté que celle qu'elle affectait avec ses servantes ; aussi sa maison ressemblait à une auberge mal famée. Comme elle changeait de bonne huit à dix fois par an, elle pouvait se vanter d'avoir eu une collection de tous les vices, à commencer par des filles de mauvaises mœurs.

Je rentrai chez moi en proie à un profond sentiment de tristesse. Cette scène pénible par un si beau temps, alors que nous nous promenions tous quatre, jouissant tranquillement de la fraîcheur et aspirant le bon air, me navrait au delà de toute expression. Je ne pouvais m'expliquer pourquoi il se trouvait sur la terre des êtres si mal organisés, ne prennant plaisir qu'à marcher sur le cœur des autres.

Je retournai dès le lendemain inquiet des suites de cette triste soirée.

Mme Tillières était seule dans le salon de compagnie. J'eus le frisson, et cette solennité inusitée me pénétra comme si une lame d'acier fût entrée dans ma poitrine.

Contrairement à ses habitudes, l'inévitable tricot ne parut pas. J'avais plus d'une fois remarqué l'expression de fausseté doucereuse qui caractérisait le visage de cette femme ; ce jour-là elle me frappa plus que d'habitude : il me semble la voir encore avec ses yeux gris-pâle, son regard sombre et profond, mais pourtant vague et fuyant, son teint bilieux, ses cheveux grisonnants et crépus... sa bouche pincée, ironique, qui semblait sourire, comme quelqu'un qui a envie de mordre ; et jusqu'aux rubans violets de son bonnet, qui répandaient une ombre triste sur cette triste physionomie, je me rappelle tout...

— Asseyez-vous, monsieur, me dit-elle, et elle ferma la fenêtre, puis la porte, malgré la grande chaleur.

Quel début! pensais-je, et que va-t-il arriver ? Je me doutais que j'allais enfin recevoir ce fatal congé qui pesait sur moi depuis des semaines. Ce n'était pas le compte de madame Tillières. Bien qu'elle se souciât assez peu de la volonté de son mari, elle préférait, comme je l'ai dit, me lasser, me harceler, me forcer à la retraite. Par ce moyen, elle se mettait à couvert, et même en supposant que Marie fût assez osée pour avoir quelque penchant pour moi, elle évitait à la fois et les récriminations du père et le chagrin apparent de la fille.

Vous verrez plus tard de qui elle tenait ces sages impulsions. Revenons à notre mystérieux entretien.

— J'ai voulu, me dit l'âpre dévote, avoir avec vous un sérieux entretien, afin de mettre ma conscience en repos et savoir bien au juste à qui je donne ma fille? Que pensez-vous en fait de religion?

— Madame, j'ai été très-franc lorsque pour la première fois vous m'avez posé cette question, je n'ai rien à ajouter et je ne puis que me répéter : J'honore infiniment la religion chrétienne...

— Catholique, monsieur...

— Catholique. Je la tiens au-dessus de tous les autres cultes, par son origine que je regarde comme divine, et surtout par sa morale, qui est la pure expression du bien et de la vérité. J'ai négligé certains devoirs par paresse, par indifférence, par respect humain quelquefois... Je ne suis point un impie systématique... Le doute, cette maladie du siècle, m'a touché, mais ne m'a point envahi au point de m'aveugler. Mademoiselle Marie sera pour moi le meilleur des prédicateurs. Je l'aime trop pour ne pas écouter ses bons conseils.....

— Tout cela est médiocrement rassurant... Maintenant je passe à une question plus délicate... Comment entendez-vous pratiquer le mariage?...

— Pratiquer le mariage?... mais je ne comprends pas... Je vous ai promis de rendre votre chère enfant aussi heureuse que je le pourrais, de ne point la contrarier...

— Contrariez-la ou non, que m'importe!... Si elle ne remplit pas ses devoirs, vous ferez bien de les lui rappeler sévèrement, elle en a quelquefois besoin... ce n'est donc pas là ce dont il s'agit : je vous demande comment vous avez l'intention de vous conduire dans l'intimité de votre ménage?... Vous me comprenez maintenant, je pense...

J'hésitais... et je rougis excessivement, car elle s'en aperçut.

— Voyez donc, dit-elle ironiquement, un homme qui a vécu pendant des années de la vie abominable de Paris, ne semble-t-il pas que je lui parle un langage à le rendre honteux. Eh bien ! moi, monsieur, toute femme et femme religieuse que je suis, quand il s'agit de l'âme me ma fille, de son salut éternel, je ne rougis de rien et je sais accomplir mon devoir, quelque pénible qu'il soit...

Elle se mit à l'œuvre de telle façon, qu'il m'est

impossible de vous rien rapporter de ce qu'elle me dit.

Je ne sais où cette femme avait puisé les tristes idées qu'elle exprimait ainsi sans gêne et sans embarras. Il paraît qu'il y a des livres de théologie [1], qui traitent crûment de ces matières scabreuses; je doute qu'ils soient à l'usage des mères de famille.

Je ne me fais pas meilleur que tout autre, mais les conversations trop libres m'ont toujours révolté. Jugez de ce que je devais éprouver en entendant cette femme qui se piquait d'une vertu exceptionnelle, traiter une semblable question et dans quel langage ! Ma confusion augmentait en proportion de la durée d'une explication aussi pénible pour elle que pour moi. Il semblait que ces choses lui fussent familières et qu'elle en eût fait une étude spéciale... en l'écoutant je me demandais de qui elle pouvait tenir ces étranges lumières.

J'ai lu plusieurs fois l'Évangile, et je n'y ai rien vu qui autorise de pareilles amplifications.

Quel était donc le but de cette humiliante dissertation ? Madame Tillières, en étalant à mes yeux les

---

1. Traités de théologie de feu Mgr Bouvier, évêque du Mans, aux chapitres traitant du mariage, des 6e et 9e commandements.

3.

difficultés du mariage comme elle le comprenait, voulait-elle m'indiquer, dans son infernale malice, le point délicat par lequel on pourrait plus tard troubler mon ménage, si je continuais à persister... ou bien espérait-elle me mettre au cœur un dégoût tel, que je romprais de moi-même, épouvanté des conséquences d'une union contractée sous de tels auspices. Vous avez le choix entre ces deux hypothèses. Quant à moi, je sortis de là la tête en feu et tellement confus que je n'osais lever les yeux sur une femme, qui, au nom de la conscience religieuse, venait d'abjurer tout sentiment de retenue.

Nous trouvâmes Marie dans le petit salon, l'anxiété pâlissait son doux et mélancolique visage, et à ses yeux rougis, on voyait qu'elle sortait de pleurer. La pauvre enfant comprenait que la question qui venait de s'agiter entre sa mère et moi, touchait par quelque point à nos intérêts communs.

Je crois qu'elle m'aimait ; elle me le prouvait autant qu'il le lui était possible, par son doux regard et ses tristes et gracieux sourires..... Au moins suis-je bien persuadé qu'elle connaissait l'amour profond qu'elle m'avait inspiré.

J'essayai de reprendre mon aplomb, mais je venais de subir un si singulier assaut, qu'il me fut impossible de me remettre.

Notre entrevue prit un caractère de tristesse et de contrainte plus prononcé que d'habitude. Naturellement il n'y avait guère entre nous d'épanchement et de gaîté, grâce au système de pression et de surveillance, qui pesait sur tous les moments où nous nous trouvions réunis. Cependant aucune visite jusqu'alors ne s'était passée de cette façon.

Le babil de ma future belle-mère nous étourdissait ordinairement et remplissait le vide que nous eussions si bien occupé nous-mêmes dans une disposition différente.

Ce jour-là, cette ressource nous fit défaut. Madame Tillières s'empara de son tricot et se renferma dans un silence affecté, regardant la pendule d'un air impatient et ne répondant rien aux paroles sans suite que je lui adressais pour tâcher de renouer la conversation. Son visage exprimait une vulgaire jouissance, une satisfaction diabolique... je ne sais quelles cruelles pensées envahissaient son esprit. Probablement elle espérait qu'après une telle explication je me retirerais.

Marie, indécise d'abord, aussi décontenancée que moi, nous regardait alternativement et s'efforçait de deviner les motifs de cette position étrange; mais voyant que le temps qui s'écoulait ne changeait rien, elle parut en prendre son parti, et avec une hardiesse en dehors de ses habitudes craintives, elle m'appela près d'elle et me montra un joli album que son père lui avait apporté dans la matinée.

J'espérais que madame Tillières allait enfin rompre le silence, ne fût-ce que pour réprimander sa fille. Elle continua de se taire. La jeune fille, enhardie, se livra peu à peu à une gaie causerie. Ce fut la seule fois en six mois que je la vis avec son caractère naturel. Elle ne paraissait point songer qu'elle était sous les yeux de son rigide mentor. Pour moi, j'avais le cœur si serré sans trop savoir pourquoi, que je me sentais envie de pleurer.

Monsieur Tillières rentra sur les cinq heures et nous trouva en l'état que je viens de vous dire, madame Tillières tricotant avec âpreté dans un coin de l'appartement, et moi assis auprès de Marie, l'album sur les genoux, écoutant de douces et inoffensives plaisanteries que personne ne réprimait.

— A la bonne heure, dit en entrant mon brave collègue, voilà deux jeunes gens qui s'entendent aujourd'hui. Il me serra cordialement la main. — Voyons, sortons un peu, ajouta-t-il, on étouffe ici... Viens, Marie. Nous nous dirigeâmes vers le jardin.

Au fond croissait une touffe de figuiers qui formait tonnelle. Il me semble que je vois tout cela comme si quelques semaines seulement me séparaient de ces jours de bonheur et de tristesse.

Nous nous assîmes tous trois sur le banc, j'ouvris la bouche pour prier monsieur Tillières de fixer enfin le jour de notre mariage, lorsqu'au seuil de la tonnelle apparut la mère et son tricot.

Cette femme, toujours dissimulée, n'ôta point les yeux de sur son ouvrage, mais je n'en suis pas moins sûr que la gêne que sa présence apportait ne lui fût parfaitement visible.

Marie s'éloigna instinctivement de moi; le bon Tillières se leva pour faire place à sa femme. La conversation prit nécessairement un tour banal, la mauvaise tenue des élèves, la bizarrerie du proviseur défrayèrent notre entretien. L'heure du dîner approchait. Tillières m'eût gardé sans façon; à quelques semaines près de devenir son gendre, quoi de plus naturel?... mais il n'avait jamais eu cette hardiesse. Madame Tillières joignait à ses autres défauts celui d'être formaliste à l'excès. D'ailleurs je n'étais toujours pour elle qu'un étranger.

Je me retirai donc. Une fois seul chez moi je réfléchis tout à mon aise aux incidents de l'après-midi. Je sentais que mon amour, malgré ces cruelles égratignures, grandissait chaque jour, et que chaque jour aussi apportait une nouvelle entrave à une solution favorable.

Il fallait pourtant bien arriver à une explication, quelle qu'elle fût. Madame Tillières avait dit un jour : ce sera pour les vacances... mais les vacances ont six semaines. Serait-ce pour le commencement, le milieu ou la fin?... En quels termes le lui demander? Quelles soumissions, quelles paroles employer pour aller au but, sans blesser cette impossible créature? J'avoue qu'elle m'était en horreur depuis notre conversation du salon.

Je me gardai de parler au pauvre Tillières de ce surcroît d'ennui, je le trouvais assez malheureux sans l'accabler davantage.

Enfin la distribution des prix approchait. Marie travaillait toujours à son trousseau; cependant aucuns préparatifs de noces ne se faisaient, et quand j'essayais d'amener madame Tillières sur ce terrain, elle éludait les questions, embrouillait les choses, parlait à tort et à travers, ne promettait rien, ne s'avançait pas et me laissait dans une profonde angoisse.

Tillières me répétait sans cesse : Ne la tourmentez point; il faut que tout vienne d'elle : vous verrez qu'un beau jour elle vous dira : Le mariage se fera dans quinze jours ou trois semaines... Je vois que l'on nettoie partout; il y a des projets.

— Cependant, répondais-je, mon pauvre ami, il

faudrait que je pusse avertir ma famille : bien que j'aie eu le malheur de perdre mon père et ma mère, il me reste encore un oncle, et une bonne vieille tante qui m'a élevé... Vous sentez que cent cinquante lieues sont une question, et que je serais désolé d'être privé de cette présence par ma négligence à les inviter en temps utile.

— Eh bien ! écrivez que votre mariage est arrêté et qu'il se fera vers le milieu des vacances ; au fait, mon cher Adrien, ce ne peut être plus tôt.

— Ensuite, mon ami, il y a les cadeaux, la corbeille ; je voudrais être en mesure pour les faire venir de Paris. Il faut que madame Tillières n'ait plus à reparler du cachemire de madame de la Borie.

— Ne faites point de folies, Adrien ; d'ailleurs, ma femme ne vous en saura nul gré ; elle aimera mieux que vous gardiez votre argent... C'est une femme d'ordre et d'une économie un peu parcimonieuse.

— N'importe, notre chère Marie aura aussi son cachemire ; j'y tiens. Dieu merci ! nous ne nous marions pas dans des conditions à faire ce que vous appelez une folie.

— Soit...; ne vous pressez point trop, et consultez la mère.

Ce conseil m'ouvrit l'idée d'aborder la question sous un autre point de vue avec madame Tillières.

Je la pris donc à part. Je m'efforçai d'être gracieux, soumis. Je lui dis qu'ayant eu le malheur de perdre ma mère tout jeune, je n'avais personne pour me diriger dans le choix des objets que je voulais offrir à mademoiselle Marie, que je la suppliais de m'aider à choisir elle-même.

A ces témoignages de confiance elle répondit par les choses les plus désobligeantes du monde. Elle me dit: que la femme d'un petit professeur ne pouvait avoir que des misères dans sa corbeille de mariage, qu'un pauvre employé du gouvernement serait ridicule de sortir des choses les plus vulgaires, etc. — Je me permis de lui faire observer que ma position était exceptionnelle, que j'avais quelque fortune, et que de plus ma tante venait de m'envoyer quelques mille francs pour les cadeaux destinés à ma jolie fiancée...

— Fiancée?... monsieur, reprit-elle, oh! vous allez bien vite... fiancée? attendez donc!...

Puis elle revint sur ma profession, sur ma fortune; elle eut le triste courage de me dire que *malheureusement* mon oncle et ma tante n'étaient pas morts, et que l'on ne pouvait être sûr d'un héritage que lorsqu'on le tenait. Quand nous en serons aux cadeaux, si toutefois nous y arrivons, ajouta-t-elle, je vous conseillerai d'être modéré et d'aller selon votre rang et vos moyens, vous n'êtes ni un monsieur de la Borie, ni un riche commerçant, souvenez-vous en bien.

Entre les mains de cette dévote impitoyable, les choses les plus douces se tournaient en amertume, cette question de corbeille qui fait sourire les autres mères devenait un thème de personnalités injurieuses et cruelles.

Comme je ne voyais pas le dessous des cartes, je ne savais de quelle façon expliquer de si étranges procédés.

A chaque trait que l'on enfonçait en mon cœur, à chaque nouvelle difficulté, et il en surgissait tous les jours, je me demandais, en frémissant intérieurement, quand cela finirait, et si la patience seconderait jusqu'au bout l'amour qui me possédait.

Huit jours de vacances étaient déjà écoulés et M. Tillières, pas plus que moi, ne pouvait parvenir à tirer quelque chose de précis des arcanes de ce tartufe femelle.

J'espérais toujours, j'espérais même à cause de cette lenteur qui fortifiait l'engagement en le prolongeant, mais j'étais loin d'être calme.

Cette première semaine de vacances finissait, une autre allait lui succéder. Un matin de bonne heure, je travaillais assez paisiblement lorsqu'on m'apporta une lettre.

L'écriture inconnue, la forme de cette lettre remise par un commissionnaire, l'heure matinale : tout me fit tressaillir ; j'hésitais à rompre le cachet. Je jetai vite les yeux sur la signature; je devinai une mauvaise nouvelle.

Voici le contenu de cette lettre :

« Monsieur,

» Sur le point de conclure un engagement duquel peut dépendre le salut de son âme, ma fille, de l'avis de son directeur, s'est décidée à faire une retraite de neuf jours dans la sainte maison où elle a été élevée. J'ignore quel sera l'effet de cette retraite et je souhaite qu'il vous soit favorable. Je regrette que nous ayons tous débuté un peu légèrement : quand il s'agit de vocation et qu'il est question de lier sa vie, il faudrait plus de réflexion.

» Le conseil que je vous donnerais, monsieur, si j'avais quelque influence sur vous, ce serait de suivre l'exemple de Marie, et d'aller faire huit jours d'exercices spirituels chez les pères de Saint-Michel. Là, vous prendriez de bonnes habitudes de piété, vous vous rendriez digne d'être admis à la conférence et enfin vous vous prépareriez à recevoir l'absolution et la sainte Eucharistie, seuls moyens d'appeler la bénédiction de Dieu sur votre union.

» D'ici au retour de ma fille, il est inutile de continuer vos visites; je vous ferai connaître ses résolutions aussitôt qu'elle sera rentrée chez nous.

» C. Tillières. »

Les bras me tombèrent en lisant cette singulière épître qui ressemblait fort à un ultimatum... Point de retraite et de confession chez les P.P. Jésuites, plus de mariage, c'était clair comme le jour. Et l'on attendait quatre grands mois pour me faire ces dures conditions.

Mon cœur se gonfla et quelques larmes montèrent à mes yeux. J'aimais tant la pauvre Marie, elle était si charmante, si douce, elle paraissait si attachée à moi! Je sentais bien que la pauvre enfant avait dû céder à une pression quelconque; mais du moment qu'elle avait obéi, tout était à craindre, et je ne pouvais guère me faire illusion.

Marie, avec le caractère faible de son père, avec ses idées de piété et sa soumission aveugle aux caprices de sa mère et aux suggestions du confesseur, n'était point faite pour la lutte.

Je pensai tout de suite à ce que m'avait dit le professeur de seconde, mon ancien condisciple, à la puissance occulte du couvent, aux influences de l'aumônier. Serait-il donc vrai qu'un honnête homme fût obligé de compter avec ces mesquines coteries, de les subir honteusement, de plier le genou devant elles?

Cependant tout n'était peut-être pas perdu. M. Tillières me restait, mais quel pauvre appui! il était si effacé, si dominé... Et par une étrange bizarrerie, fruit de l'éducation *conventuelle*, Marie qui craignait sa mère, qui en était assez durement traitée, se rattachait plus volontiers à ses idées. Il est vrai que l'acariâtre personne était doublée de nos bonnes sœurs de Sainte-Marie, si câlines et si douces..., si adroites à maîtriser le cœur de leurs mignonnes pensionnaires.

Ce qui me renversait le plus, c'était tout le temps qu'on avait mis à m'infliger cette amère déception. N'étais-je pas aujourd'hui tel que le jour où je m'étais présenté, tel qu'au moment où l'on avait accueilli ma demande?... Les confesseurs avaient dû être consultés dès ce temps-là, et sûrement ils m'avaient été ou favorables, ou indifférents. Qu'était-il donc arrivé? qu'elle complication avait surgi?

Je ne soupçonnais point l'action de Banoud. Je

croyais qu'il se trouvait assez vengé de m'avoir fermé la porte de la conférence, cette question de mariage d'ailleurs lui devant être fort étrangère.

Les néo-catholiques ne sont pas si bénins que cela et une de leurs grandes prétentions, c'est de peser sur ce qu'ils appellent les gens du monde, eux, les gens de bien... Et pour faire réussir leurs plus vilaines intrigues, rien ne les arrête, en vertu de l'axiôme : Qui veut la fin veut les moyens.

C'est bien pis encore, lorsqu'un ressentiment personnel se mêle à leur sublime envie de faire triompher Dieu et la religion.

Avant d'aller plus loin, je veux étaler à vos yeux tous les fils de cette trame, ourdie par des dévots qui se prétendaient ce qu'il y a de plus saint, de plus pur sous le soleil.

II

Vous n'avez pas oublié le désespoir amoureux de M. Vacher, le quincaillier de la rue Royale; c'était un auxiliaire à la haine dont m'honorait M. Banoud, ancien industriel, retiré des affaires et transformé en savant.

Ce dernier personnage mérite une mention toute particulière dans mon récit, non-seulement à cause de sa personnalité assez vulgaire au fond, mais encore parce que c'est un type en son espèce. La province fourmille de Banouds incompris.

Le nôtre, épicier-droguiste en retraite, membre d'une demi-douzaine de sociétés plus ou moins savantes, joignait à ces distinctions mondaines une distinction plus glorieuse qu'il avait enviée pendant des années sans pouvoir y parvenir : c'était la présidence de la société de saint Vincent-de-Paul.

Au temps où il s'acharna contre moi, ce digne président pouvait avoir quarante-cinq ans. Il avait quitté le commerce de bonne heure afin de se livrer tout entier à son goût pour l'étude, à ce qu'il disait ; mais, en réalité, par un amour-propre effréné et le désir de parvenir et de se produire.

Il s'était donc fait rentier avec peu de rentes, deux enfants à établir, un immense orgueil qu'il essayait de cacher, mais qui perçait en tout, ainsi que son âpre jalousie.

Peu aisé, avec une réputation de fortune, il détestait les riches. Obligé pour la forme à s'occuper des pauvres, il ne les aimait pas non plus, et tâchait de leur faire la charité des deniers d'autrui. Ses prétentions à la science, loin de le rapprocher des hommes instruits, les lui avait fait prendre en grippe, parce qu'il comprenait que leur jeter de la poudre aux yeux n'était pas chose facile, et qu'ils devaient mieux que d'autres apprécier sa médiocrité. Il détestait la musique quelle qu'elle fût et il niait la perspective dans le dessin.

Il lisait *l'Univers*, prenait L. Veuillot au sérieux, et faisait plus d'état de lui que de tous les évêques de France. Il le regardait comme le seul vrai défenseur de la foi et de la religion : à ses yeux fascinés, c'était un saint, un modèle accompli de toutes les vertus.

Malheureusement en se pénétrant bien de la lecture approfondie du susdit journal, notre savant incomplet avait épousé sans restriction certaines idées étroites, qui impliquent plus d'envie que de justice de la part du spirituel écrivain.

Tous les jugements de Veuillot en littérature, en religion, en histoire, en politique, exagérés autant que possible par un niais, formaient le fonds des appréciations de ce Prudhomme cagot. Il vivait dans un monde à part qu'il s'était forgé d'après les diatribes de son infaillible patron. Il haïssait sincèrement les professeurs de l'État; n'ayant reçu comme Veuillot qu'une éducation primaire, tous ceux qui avaient quelque teinture des langues anciennes lui semblaient de détestables cuistres.

L'Université et tout ce qui en relève de près ou de loin lui inspirait une horreur toute particulière.

Toujours, et d'après les principes de son cher journal, il voyait avec édification les laïques — s'immiscer aux affaires de l'Église et donner des conseils aux évêques, même lorsque ces conseils prenaient la forme d'insolentes menaces.

Il n'appréciait dans Veuillot que sa facilité à être grossier avec esprit, impertinent avec une remarquable énergie. Les bons jours du journal, au sens de notre dévot, c'étaient ceux où d'injurieuses paroles remplaçaient les raisons.

Il y avait bien un petit coin de l'esprit du journaliste qui gênait le sien : M Banoud, royaliste de principe, comme presque tous les dévots de la localité, ne voyait pas sans regret appliquer à Henri IV, ce bon roi du peuple, l'épithète peu gracieuse que la même plume décocha plus tard contre un autre journaliste. A quoi bon, se disait tout bas l'ex-épicier, à quoi bon rappeler à propos d'une bête immonde, les amours de l'abbesse de Maubuisson (une abbesse) et du royal débauché !... Ne vaudrait-il pas mieux laisser le voile de l'oubli tomber sur tout cela ? Il trouvait aussi que l'*Univers* traitait bien cavalièrement Louis XIV, le grand roi, et cette pauvre Restauration surtout, si dévouée à l'autel qu'elle voulait le relever sur les ruines de l'État. Cependant il pardonnait à l'illustre défenseur de la cour de Rome ces petites taches et imperfections en faveur de sa piété et de sa faconde insultante.

En 1848, M. Banoud se fit républicain — à la remorque de son journal; il se laissa même porter comme candidat à l'Assemblée nationale. Il fallait bien, disait-il, que les honnêtes gens se sacrifiassent aux intérêts de la patrie. Patronné par une espèce de fou socialiste, il eut cinq voix... quelques milliers de moins qu'un maçon qui lui faisait concurrence.

Je vous disais qu'il avait pris Veuillot et sa feuille au sérieux, et partant de ce principe, il appliquait autour de lui les théories qu'il avait étudiées dans le journal et dans les romans du très-spirituel écrivain. Veuillot se moque du luxe et de la toilette des femmes ; donc la femme et la fille de son adorateur fanatique ne doivent porter que des robes de coton ou de laine. Point de bijoux, saint Paul le défend..., et l'exiguité du budget aussi peut-être.

Le meilleur parti à prendre pour un jeune homme, toujours d'après les écrits de Veuillot, est d'embrasser l'état écclésiastique ; donc le jeune Banoud, caserné d'abord dans un collége de prêtres, n'en est sorti que pour entrer au séminaire.

J'ai entendu dire que le pauvre garçon, timide, un peu mélancolique, comme tous ceux qui sont opprimés dès le jeune âge, avait des goûts assez éloignés de la vie cléricale... Qu'importe ! il sera prêtre à la façon de bien d'autres. Les romans de Veuillot lui inculqueront la vocation, et il regrettera peut-être

parfois de n'avoir pas été comme le patron... avan
sa conversion.

M. Banoud haïssait, d'instinct et par système, à
peu près tout le monde.

Les industriels... ils gagnaient de l'argent, donc
ils volaient... Les médecins... à l'exception du sien,
méchante brute qui allait à la messe tous les matins
et maltraitait sa femme en rentrant de l'église, les
médecins, dis-je, étaient des ânes et des empoison-
neurs... Les professeurs. Oh! ceux-là, c'étaient des
voltairiens, des scélérats, des damnés... Il ne prenait point de ménagements hypocrites pour en
parler... des Universitaires... Dieu du ciel... les
bûchers de l'inquisition n'auraient pas été de trop
pour eux... Les gens de robe... il les épargnait un
peu plus, parce qu'il craignait d'avoir des procès et
de s'en faire des ennemis; mais au fond il en pensait
tout le mal possible.

Quant à la noblesse, ma foi, son royalisme l'abandonnait tout-à-fait; il se sentait alors peuple jusqu'à la moëlle des os, peuple comme saint Veuillot,
et s'il accordait son estime au comte de Montalem-
bert dans le temps où le fils des croisés n'était pas à
l'index, c'était *quoique noble*. Et puis les nobles du
pays l'avaient négligé et ne daignaient pas lui prêter
attention... Un si grand homme!... Il y en eut même

un, si je me rappelle bien, qui osa le contredire et faire insérer au journal de l'endroit une note signée de son nom de gentilhomme ; dans cette note on se permettait de discuter l'opinion de M. Banoud... quel sacrilége !...

Tout ce qui entourait cet illustre personnage, femme, enfants, domestiques, menait une triste existence ; il s'attachait à leur prouver que la vie est une vallée de larmes.

Petit de taille, rabougri, mal fait, d'une physionomie fausse et sordide, l'ex-droguiste ne pouvait souffrir un bel homme... La vue d'un militaire le révoltait, et il les prétendait tous faits sur le patron de l'adorateur de Lucile [1]. Je tiens d'un Périgourdin que Veuillot, quelque bon chrétien qu'il soit, garde une rancune aux officiers... Pourquoi ? la charité m'oblige à ne pas en dire davantage.

Revenons à son fervent disciple. Dévoré d'un amour-propre immense, qu'il déguisait sous un air de modestie et d'indifférence, M. Banoud était jaloux de tout ce qui possédait un nom, une distinction, un talent quelconque, et je n'en excepte point Veuillot lui-même. De cette sombre jalousie, nais-

---

1. Voyez *L'honnête femme*, roman de Veuillot, fort rare aujourd'hui.

sait une disposition fatalement mauvaise qui rendait cet homme hostile à tous, persévérant dans ses antipathies et ses vengeances.

Je devais en faire une cruelle expérience.

Je vous ai dit qu'il avait promis à son confrère Vacher d'empêcher mon mariage. Il s'était mis à l'œuvre tout de suite, mais il n'avait pas réussi aussi vite qu'il s'y attendait.

Dans le principe, madame Tillières, tout bien considéré, trouvait en moi à peu près tout ce qu'elle souhaitait pour l'établissement de sa fille. Elle savait par expérience combien les hommes d'étude sont en général faciles pour la vie d'intérieur, abandonnant volontiers aux femmes le gouvernement du ménage, et elle se promettait bien de se mêler activement du nôtre et de le diriger à sa guise. Agrégé et, par conséquent, à peu près certain de conserver ma place, j'avais promis, quoiqu'à contre cœur, de ne point solliciter d'avancement sans qu'elle y eût souscrit. Elle était avare, je ne discutais point la dot, et elle pouvait dormir sans inquiétude : rien ne serait risqué. Malgré ses observations désobligeantes, elle appréciait l'aisance que j'apportais, à défaut d'une grande fortune. Quant au bonheur de sa fille, je ne sais pas si elle s'en souciait beaucoup. Avec son humeur dominatrice, madame Tillières devait nécessairement préférer un gendre pacifique, facile à mener ; et jugeant de mon caractère par les concessions que j'accordais à mon ardent amour, elle pensait qu'une fois marié, elle me ferait aller à son gré. M. Vacher, tout dévot qu'il était, ne lui plaisait point ; elle lui trouvait sous son écorce doucereuse des airs de rustre qui l'inquiétaient et elle devinait que le trésorier de la conférence pourrait au besoin envoyer promener son beau-père et surtout une belle-mère opiniâtre et tyrannique.

Monsieur Banoud revint plusieurs fois à la charge ; il démontra à l'honorable présidente des Enfants de Marie, combien c'était chose déplorable pour la religion de voir une jeune personne pieuse comme Marie, sacrifiée à un professeur incrédule et libertin. Puis il lui fit ressortir les avantages que sa fille aurait rencontrés dans son union avec M. Vacher, qui, outre son magasin, le plus considérable de la ville, possédait pour plus de cent mille francs de beaux biens au soleil... Un si bon jeune homme, si chrétien, qui se perfectionnait chaque année dans la piété, afin de se rendre digne de la jeune fille qu'un intrus venait lui enlever brusquement. Je vous fais grâce d'un autre ordre de considérations dans lequel ma plume n'est pas assez hardie pour entrer.

Madame Tillières, ébranlée et à peu près réduite, en était arrivée à l'inqualifiable explication que je vous ai racontée; mais cette explication laissait les choses au même point; je ne me rebutais point et elle ne savait trop de quelle sorte s'y prendre pour me renvoyer.

Banoud, assez embarrassé, s'avisa d'un expédient plus misérable, un expédient qui jouait sa complice elle-même.

Une lettre anonyme adressée à madame Tillières l'instruisait que précisément à l'époque où j'avais commencé à rechercher sa fille, j'avais séduit mademoiselle Marigny, et que son mariage précipité n'avait eu d'autre but que de cacher les suites possibles d'une faute.

Quelque maladroite, quelque improbable que fût cette accusation, elle servait assez bien les passions en jeu pour que l'on ne mît pas au rebut ce renfort mystérieux; en outre, cette lettre contenait certaines insinuations d'une malveillance indéfinie, très-propres à jeter le soupçon.

Madame Tillières s'était hâtée de placer ce précieux document sous les yeux de son mari. Celui-ci répondit que la lettre anonyme était une arme toujours prête pour la main des lâches et des envieux, et que de plus la lettre qu'elle lui présentait portait un tel cachet de sottise, de platitude et de grossièreté, qu'il fallait qu'elle vînt de fort bas.

La dame se défiait, *a parte*, de l'officine où la susdite lettre s'était élaborée, elle se trouvait personnellement blessée d'une appréciation qui flétrissait le style épistolaire de son ami Banoud.

M. Tillières ne crut pas devoir me parler de cette misère : elle lui semblait un de ces épisodes obscurs qui viennent presque toujours se jeter en travers des mariages : œuvres de la jalousie et parfois d'une méchanceté gratuite.

Ce moyen donc ayant échoué, tout autant que le système des mesquines tracasseries, il fallait pourtant en finir. On causait par le monde : Que voulaient dire ces retards, ces longues amours entre deux jeunes gens si bien assortis ? pourquoi ne pas les marier ? que devenait le rigorisme de madame Tillières, elle qui blâmait à l'occasion les fréquentations dangereuses ?...

Vacher se tordait les bras d'impatience et de jalousie. Il disait confidentiellement à Banoud que mademoiselle Marie finirait par être compromise et que, quoiqu'il en fût éperdument amoureux, — un sacristain ! — il renoncerait à ses prétentions, plutôt que d'endosser le bénéfice des railleries et des suppositions.

M. Banoud, homme expéditif, quand il s'agissait d'écraser l'impiété, aurait voulu que sa dévote associée me jetât à la porte, sans autre forme de procès. Mais madame Tillières, quel que fût son mépris des volontés de son mari, reculait devant cette audacieuse expédition. Alors, ne sachant plus trop qu'imaginer, Banoud en vint au moyen extrême, au moyen qui réussit toujours vis-à-vis de la dévote de métier : il eut recours au directeur.

Deux hommes, deux prêtres partageaient le grave emploi d'éplucher la conscience de madame Tillières : l'un était l'ancien vicaire de la paroisse, qui pendant dix années fut l'unique régulateur de toutes les actions de la pieuse dame.

Nommé à une cure de canton, le confesseur bien-aimé fût remplacé par le curé, comme confesseur ordinaire seulement, car la pénitente fascinée conservait des relations habituelles et fort vives avec l'abbé Benoist, et il primait de beaucoup le confesseur ordinaire. De sorte que madame Tillières était pourvue, chose surabondante à mon sens, d'un directeur et d'un confesseur.

L'abbé Benoist, grand et robuste garçon, haut en couleur, carré des épaules, beau parleur et joyeux convive, ne jouisssait pas d'une réputation trop correcte. On le disait grand amateur du beau sexe et on citait deux ménages troublés par lui. Le fait est qu'il plaisait beaucoup aux femmes, qu'il en dirigeait un bon nombre et toutes des plus jeunes et des plus jolies, et qu'il exerçait sur elles une influence que chacun interprétait à sa manière.

Force accusations et récriminations pleuvant sans cesse sur lui; l'évêque avait fini par y faire droit, en le gratifiant d'un exil honorable sous la forme d'une cure de canton.

La mère de Marie entretenait une correspondance très-suivie avec cet ancien ami. Elle n'avait point négligé de lui faire part de nos projets de mariage; et comme il importait peu à ce prêtre, occupé ailleurs, quel fût l'homme destiné à épouser la fille de sa pénitente, je ne le trouvai point alors sur mon chemin.

Mais lorsque Banoud lui eut écrit, tout changea de face, il avait eu soin de prendre le digne curé par son faible. Ultramontain exagéré, plus romain que le pape, en s'adressant à lui, le président me représenta non comme un libertin, cela n'en aurait pas valu la peine et n'eût pas fait assez d'impression sur un personnage de cette espèce, mais il me dépeignit comme un gallican effronté, ennemi du pape, contempleur de l'*Univers*, un élève de l'École normale enfin, vrai fils de Voltaire, se moquant ouvertement de l'influence du clergé et la déniant au point, que je n'avais pas même fait visite à M. l'aumônier des Sainte-Marie ; que toutes les personnes pieuses de C. étaient scandalisées, tandis que les impies triomphaient et se frottaient les mains.

Le curé comprit parfaitement le sens de la missive de M. Banoud. Madame Tillières lui avait bien parlé de quelques difficultés ; mais, en bonne dévote, elle avait usé de réticences, craignant de déchoir dans l'estime de son cher directeur.

L'abbé Benoist, homme de parti plutôt que prêtre, croyant l'influence de sa coterie méconnue et blessée, ne jugea pas qu'écrire fût suffisant, il accourut lui-même.

Il ne parla point de la lettre officieuse qu'il avait reçue, il mit sa démarche sur le compte de bruits qui lui étaient parvenus. Madame Tillières, heureuse de cette intervention, exprima le désir que M. Banoud fût admis au conseil, afin, disait-elle, qu'il les aidât de ses lumières.

Benoist parût goûter médiocrement cette singulière prétention d'un laïque ; cependant, comme Banoud ne se recusait pas, on décida que l'on se réunirait au parloir des Sainte-Marie, afin d'éviter les regards et les réflexions du public curieux et indiscret.

Le conciliabule débuta d'un manière assez bouffonne.

M. Banoud, qui tenait à sa lettre autant qu'à son livre, pria madame Tillières d'exhiber cette pièce importante. Le curé la lut d'un bout à l'autre, et au lieu de traiter sérieusement ce chef-d'œuvre de méchanceté et de bêtise, il dit : que cette lettre ne signifiait rien, qu'il concevait que l'on n'osât pas apposer son nom au bas de si grosses niaiseries, et qu'il n'était point étonné que monsieur Tillières, homme d'esprit après tout, n'eût attaché aucune importance à ce galimatias. Le visage du pauvre Banoud passait subitement du rouge le plus éclatant à la pâleur bilieuse. Il ne pouvait décemment avouer sa paternité, et il enrageait de tout son cœur de s'entendre ainsi traiter sur le dos de l'anonyme. Il prit un ton aigre, le ton qu'il prenait assez souvent avec les membres du clergé, lorsque ceux-ci le contredisaient. Il prétendit qu'il était futile de s'attacher à la forme, qu'il valait mieux examiner le fond de cette lettre, fond grave... sérieux...

—Et bête, repartit brusquement le prêtre. Voyons, M. Banoud, qu'importe cette paperasse à l'affaire qui nous appelle ici... Madame Tillières, à ma grande surprise et à son profond regret, s'est engagée vis-à-vis d'un méchant drôle...; le mari patronne naturellement son collègue et son ami; la jeune fille accepte sans répugnance un mariage vraiment déplorable... Que voulons-nous aujourd'hui? briser tout cela...; débarrasser le terrain du monsieur en question : le tout avec le moins de bruit possible... Les lettres anonymes, surtout les *sottes* lettres, les demi-mesures, les démarches vagues et incertaines n'amèneront jamais une solution qui n'a déjà que trop tardé...

— Alors, dit Banoud d'une voix ironique, il n'y a plus qu'une chose à faire, conclure le mariage,..

— Conclure le mariage, oui reprit Benoist, si nous ne pouvons faire autrement : mais j'espère que, éclairés de la grâce de Dieu, nous trouverons quelque issue plus chrétienne à la triste alternative où vous vous êtes imprudemment placée.

Il disait cela en regardant sa pénitente d'un air semi-courroucé, semi-caressant.

Madame Tillières, toute contrite et toute honteuse, essaya pourtant une timide défense : elle fit observer au prêtre que, à l'époque de la première visite, elle l'avait consulté et qu'il lui avait répondu que dans le malheureux siècle où nous vivions, l'engagement de laisser la femme libre de pratiquer ses devoirs, était ce qu'on pouvait strictement exiger, surtout quand il n'y avait pas une affectation d'irréligion et d'impiété...

Le curé l'interrompit.

— Eh bien oui, dit-il : — j'ai pu vous écrire cela, mais qu'est-ce que vous me disiez-encore?... Que ce professeur vous promettait monts et merveilles, que vous n'espériez pas trouver mieux pour Marie, est-ce que je sais, moi?... vous paraissiez si pressée de la marier! Au fond je ne comprenais guère comment vous pouviez donner votre fille à un disciple de Cousin et de Guizot, vous, une femme pieuse et selon le cœur de Dieu... Pourquoi ne pas garder cette enfant pour des hommes à nous, pour de bons chrétiens... Aujourd'hui vos yeux se sont ouverts, et vous voilà empêtrée de la plus sotte affaire du monde.

Madame Tillières si rétive, si âpre à l'encontre de son mari, courbait humblement la tête devant les paroles sévères du directeur.

— Qu'avez-vous essayé, continua Benoist, qu'avez-vous entrepris pour mettre fin à ce triste projet... avez-vous agi sur l'esprit de votre mari?...

— Oh! mon mari, reprit la dévote, vous savez, monsieur le curé, quels sont ses principes : il trouve son confrère parfait de toute façon, et j'avoue que mon plus grand embarras est d'obtenir que M. Tillières consente à retirer sa parole, qu'il a bien positivement donnée ; quant à moi, j'ai fait mes réserves et l'on ne peut pas dire que j'aie absolument consenti. J'ai tenté de décourager et de dégoûter le jeune homme...

— Oui, de le dégoûter, n'est-ce pas, en lui laissant entrevoir chaque jour l'amorce à laquelle il s'est laissé prendre... Enfin, que pense Marie, aime-t-elle ce monsieur ?...

— Oh ! j'espère bien que non ; je les ai surveillés scrupuleusement, et monsieur Fabrigue n'a pu parler à ma fille une minute sans que je fusse assez près pour contrôler tout ce qui se disait.

— Cela ne prouve rien, rien du tout. Marie n'a jamais fait d'objections au sujet de ce mariage ?...

— Mon Dieu, mon père (madame Tillières se croyait à confesse), j'avais présenté à ma fille ce parti comme convenable : vous savez que je l'ai dressée à l'obéissance...

— C'est très-bien, en vérité. Et l'on n'a pas même posé la question de vocation; on ne l'a pas étudiée ?...

— Son confesseur l'a engagée à se marier, probablement il a dû reconnaître cette vocation...

— Son confesseur, une belle autorité ! un prêtre

imbu de doctrines perverses, un lecteur des *Débats*, et qui passe ses loisirs à traduire un auteur profane!... quelle pitié! Ainsi Marie n'a consulté ni l'aumônier, cet excellent abbé Revoil, qui l'a dirigée pendant son séjour au couvent, ni ma sœur Marie-Sophie, son ancienne maîtresse... On lui présente un individu venu de je ne sais où; on lui dit : Voilà le mari qu'il te faut! Mère imprudente! jeune fille irréfléchie!... Et dans tous ces beaux arrangements, je ne vois nulle intervention d'un véritable homme de Dieu. Je comprends parfaitement, madame, qu'il vous soit venu des scrupules ; mais ils sont bien tardifs!

— Que faire donc? répondit madame Tillières, d'un air éploré, que devenir? comment sortir de ce mauvais pas?

— Il faut, madame, finir par où vous auriez dû commencer. Il faut étudier la vocation de votre fille; et, pour que cette vocation soit bien éclairée, bien examinée, il serait bon que Marie rentrât au couvent; elle ferait une retraite d'une dizaine de jours. Je parlerai à Revoil, je lui dirai dans quel sens travailler son esprit; il la détournera facilement de ce mariage. Et alors, loin d'être un obstacle, votre fille vous aidera.

— Mais son père? dit à demi-voix la dévote...

— Son père... ah ! je n'y songeais pas en effet... Grâce à ses habitudes irréligeuses, il prendra naturellement parti contre nous; heureusement la petite nous appartient, si toutefois elle est encore la jeune fille pieuse que j'ai connue et dirigée pendant des années. Faites-lui comprendre qu'elle doit partir pour le couvent sans mot dire. Une fois entrée, M. Tillières, qui est un homme irrésolu et à tempéraments, n'osera pas faire d'esclandre.

— Mais si les bonnes sœurs...

— Ne vous ai-je pas dit que j'allais parler à l'aumônier ?... Ah ! et le point essentiel que vous me faites oublier : En écrivant au prétendu la résolution de Marie, imposez-lui la même condition de retraite, vous verrez ce qu'il fera et par là vous jugerez bien ce qu'est cet homme, auquel vous avez été sur le point de marier votre fille.

Banoud ne soufflait mot; mais il approuvait chaque phrase d'un geste sententieux et profond. Il ne se permit qu'une observation : c'était au sujet de la candidature conjugale de M. Vacher. Il pria que son nom ne fût point mêlé à tout ceci.

Cette mesure de prudence admise à l'unanimité, on confectionna la lettre séance tenante ; et ces trois dévots qui, pour la plus grande gloire de Dieu, complotaient froidement la ruine du bonheur de deux pauvres êtres inoffensifs, étaient mus, chacun dans leur sphère, par des motifs assez bas et fort en dehors de la religion.

Banoud me haïssait autant qu'il protégeait mon rival. Madame Tillières convoitait les écus du quincaillier, et l'abbé Benoist tenait à donner une leçon aux jeunes gens qui négligaient de compter avec l'influence du clergé.

Cet exposé, un peu long peut-être, était nécessaire pour vous mettre au courant de la situation. Plût à Dieu qu'alors j'eusse été moi-même aussi bien renseigné ; j'aurais su ce que l'on me voulait, et j'aurais essayé de me défendre.

Tout ce que je compris, c'est que la lettre de madame Tillières était un congé déguisé. On me connaissait assez pour savoir que j'étais capable de supporter certains chocs d'amour-propre, mais non de m'abaisser à des démonstrations hypocrites.

J'hésitais sur le parti que je devais prendre. Malgré l'ultimatum de la fin et quoi qu'il pût en arriver, je m'habillai et je me disposais à me rendre chez mon collègue, lorsque celui-ci entra chez moi.

Nous étions fort émus l'un et l'autre. Nous nous serrâmes silencieusement la main, et Tillières se jeta sur un fauteuil. Il était pâle et tremblant ; je vis qu'il faisait effort pour parler. Je lui tendis la lettre; il la repoussa d'un geste triste, et il me dit : Je sais, je l'ai lue avant vous...

— Eh ! bien, dis-je, que pensez-vous d'une pareille demande ? l'avez-vous autorisée?

— Non certes, puisque vous me voyez ici.

— Et mademoiselle Marie ?...

— Elle est à son couvent; j'en arrive à l'instant même. C'est une vraie désolation, mon pauvre Fabrigue, que d'avoir affaire à de pareilles femmes.

— Mais par grâce, que s'est-il donc passé, et comment se fait-il que madame Tillières ne m'ait pas tout de suite imposé les conditions qu'elle me fait aujourd'hui?

— Puis-je vous le dire? est-ce que j'en sais plus que vous ? Hier matin encore Marie travaillait à ses chiffons. Ma femme est sortie seule dans l'après-midi. Où diable est-elle allée ? je l'ignore. En rentrant, elle était un peu plus aigre que d'habitude. Le soir ces dames devaient entendre un sermon; vous le savez bien, puisque, à ce sujet, on vous avait retranché votre visite du jeudi. J'étais au cercle quand elles sont rentrées; je ne les ai pas vues; mais figurez-vous, mon ami, que ce matin, lorsque je dormais encore, la porte de ma chambre s'est ouverte avec fracas, et ma femme est entrée. — Tenez, m'a-t-elle dit, voilà ce que j'écris au Monsieur à qui vous vouliez me forcer de donner ma fille. Lisez et dépêchez-vous : la messe de sept heures sonne.

Je me frottais les yeux ; je ne savais ce que cela voulait dire. — Oh! ajouta-t-elle, quelle longue figure vous me faites, est-ce que par hasard vous essaieriez de me faire de l'opposition. — Je te défends d'envoyer cette lettre, lui dis-je, je te défends d'emmener Marie... Elle haussa les épaules et, profitant de ma surprise, elle me tira le papier des mains ; elle sortit plus brusquement encore qu'elle n'était entrée.

Je me levai à la hâte, je cherchai ma fille. La bonne me dit qu'elle n'avait pas couché à la maison, et que madame Tillières était rentrée seule hier soir.

J'eus envie de courir aux Sainte-Marie, de me faire ouvrir les portes et de ramener Marie bon gré, mal gré.

Ma femme rentra sur ces entrefaites; je la suivis chez elle, et avant que j'eusse parlé, elle me dit résolument : Ne cherchez point de phrases... c'est fait. — Fait... que prétendez-vous dire? — Mais oui, je viens d'envoyer ma lettre à votre digne ami, et Marie est au couvent depuis hier soir. — C'est par trop fort, ma chère amie! vous oubliez que Marie est ma fille aussi bien que la vôtre, que j'ai les mêmes droits sur elle et les mêmes titres à son obéissance, et que même, comme chef de la famille... — Un joli chef de famille, en vérité, un homme qui a tout le jour le nez dans de sales bouquins, qui lit Voltaire et J. J. Rousseau et autres vilenies... Un professeur de paganisme..... vous, un chef de famille, pauvre homme!... Ah! sans moi, à l'heure qu'il est, vous n'auriez pas un sou vaillant, vous traîneriez la ville en savates, les coudes percés, comme plus d'un de vos honorables collègues. Est-ce donc vous qui avez amassé une dot à votre fille? Est-ce vous qui lui avez montré à prier Dieu, qui lui avez appris qu'elle avait une âme?... Vous, un chef de famille!... un homme qui ne communie point à Pâques, qui se moque en son cœur de Dieu et des saints!... Ah! si je vous voyais comme ce bon M. Banoud agenouillé pieusement sur le pavé des églises, membre d'associations catholiques..., à la bonne heure, je vous reconnaîtrais le droit que vous invoquez; mais tant que vous ne serez qu'un pécheur, qu'un publicain... — Que voulez-vous, tout le monde ne peut pas être un pharisien comme ce Banond qui roule les yeux en priant et se préoccupe de savoir s'il y a des regards fixés sur lui.

J'ai même la prétention de valoir mieux que ce méprisable hypocrite, qui prendrait au besoin la grosse caisse pour faire remarquer sa piété et ses bonnes œuvres. — Vous êtes un pauvre sot, reprit ma femme avec emportement, et vous ne valez pas la peine que je discute avec vous. Tenez-vous seulement pour averti qu'à moins qu'il ne se convertisse, votre protégé ne remettra pas les pieds ici. — Mais de semblables exigences soulevées si tardivement équivalent à une rupture. — Tant mieux alors, c'est ce que je désire le plus. — En vérité, dis-je, vous m'exaspérez ! que signifient de pareils caprices ? c'est de votre plein gré que monsieur Fabrigue a été admis chez nous, vous avez consenti à son union avec Marie. — Consenti ? non pas que je sache, je n'ai rien promis. — Autre dérision !... Mettons cependant que vous ne vous croyiez pas engagée ; mais j'ai promis, moi ; Marie, de son côté, aime le jeune homme. — Elle l'aime ?... vous avez le front de me dire cela sans rougir !... Votre fille aime un homme ! quelle horreur !.... Eh bien ! vous verrez si cette prétendue affection tiendra contre les devoirs de conscience. — Enfin vous aviez bien accueilli les assiduités de mon collègue, que lui reprochez-vous aujourd'hui ? — Tout et rien. — Qu'a-t-il fait ? — Eh que voulez-vous que fasse un universitaire, si ce

n'est du mal! — Mais encore il faut dire quel mal?
— A-t-il une maîtresse, par hasard?... — Je n'en
sais rien. — L'accuse-t-on de manquer d'honneur,
de délicatesse?... — Cela se peut. — Parlez donc,
lui dis je, révolté par ces réponses à la tartufe, on
ne se conduit pas de cette façon avec un honnête
homme; il faut formuler des raisons. — Je ne veux
pas que Marie épouse un impie. — Vous auriez dû
alléguer plutôt un pareil prétexte. Vous m'avez dit
vous-même plusieurs fois que sur ce point-là M. Fabrigue vous avait donné une entière satisfaction.
J'ai réfléchi depuis, d'ailleurs j'ai appris quelque
chose. — Voilà ce qu'il faut me dire. — Non, ce
serait manquer à la charité, je n'ai Dieu merci pas
l'habitude de la médisance, vous le savez bien. —
Et à l'heure qu'il est que faites-vous? Vos réticences, vos faux-fuyants sont cent fois pires que
si vous éclaircissiez tout bonnement la question. —
Ne m'ennuyez plus, mon cher mari, M. Fabrigue
n'aura pas votre fille, car il ne se convertira point :
il est trop orgueilleux pour cela. Plus tard nous
trouverons mieux sous tous les rapports. Je veux un
gendre qui fasse ses pâques, un gendre qui m'offre
certaines garanties...— Des garanties?... que voulez-
vous dire?... Mais pour Dieu, parlez, parlez donc
clairement. — Ah! vous jurez, je me retire. — Et

vous croyez, continuai-je, que les choses vont se passer de la sorte ? Je vais vous prouver une fois dans votre vie que moi aussi je sais vouloir ; que je sais agir. Marie va rentrer immédiatement ici, et de ce pas je vais au couvent ; nous verrons si ces nonnes de malheur seront assez hardies pour me refuser ma fille.—Allez, allez, faites des scènes ridicules ; j'espère que le bon Dieu ne permettra pas qu'un misérable athée l'emporte sur une pauvre mère chrétienne qui défend l'âme de sa fille.

Sur cela je suis parti. En me voyant, la tourière des Sainte-Marie fit une légère grimace et, lorsque je lui dis que je venais chercher ma fille, elle me pria avec force révérences d'entrer au parloir. La grille ne tarda pas à s'ouvrir et, derrière, je vis ma pauvre enfant toute pâle et les yeux enflés à force de pleurer. J'avoue que cette vue me rendit furieux ; je secouai la grille avec violence. — Qu'est-ce que cela ? m'écriai-je, comment se fait-il que tu sois enfermée dans ce couvent, sans que l'on ait daigné me consulter. — Mon bon père, pardonne-moi, je t'en conjure, c'est de mon plein gré que je suis venue. Avant de m'engager pour la vie, j'ai senti le besoin de me recueillir, et ma mère a pensé qu'une retraite..... — Oui, et sans doute c'est la rupture de ton mariage. — Du tout, mon bon père, c'estune préparation sérieuse à un acte bien sérieux aussi. — Cette préparation, tu la feras chez moi, sous mes yeux : c'est pourquoi je te prie, et au besoin je t'ordonne de me suivre. A peine eus-je prononcé ces paroles, qu'une explosion de sanglots, entremêlés de supplications, y répondit.

Ma fille me déclara qu'elle était prête à m'obéir, mais que le plus grand chagrin que je lui pusse faire, serait de l'empêcher de finir sa retraite, que le bon Dieu (toujours le bon Dieu) bénirait mieux son mariage..., qu'elle allait lui demander la conversion de son futur et qu'elle était sûre de l'obtenir par l'intercesion de la Sainte-Vierge, etc., etc... Alors je lui parlai de la lettre que sa mère vous avait écrite et j'ajoutai: Si la loyauté de Fabrigue l'empêche de souscrire à ce qu'on lui demande, que feras-tu?... La pauvre enfant me regarda d'un air de doute et d'anxiété: Oh! dit-elle, pourquoi monsieur Adrien n'était-il pas aussi à Saint-Michel... — Pourquoi, ma pauvre chère enfant, pourquoi? parce que Fabrigue est avant tout un homme d'honneur, et que la droiture et la délicatesse défendent certaines démarches en vue de certaines actions... — Cher père, laissez-moi l'espoir... — Il ne s'agit pas de tout cela, dis-je résolument, j'ai le droit de te ramener chez moi et j'use de ce droit en faisant ouvrir les portes...— Mon père, mon bon père, laisse-moi au moins quelques jours de calme et de réflexion, ne m'arrache pas violemment de cette sainte maison...Presque toutes mes compagnes font comme moi ; avant de prendre un état dans le monde, elles viennent se retremper à la vraie source de la piété... — Et ces compagnes quittent furtivement, comme toi, la maison de leur père?... — Ma mère craignait un refus absolu, et, une fois partie, elle espérait avoir ton assentiment... — Cet assentiment, je le dénie formellement...

Je sortis tout en colère du parloir et je dis à la tourière de prévenir la supérieure, parce que je voulais ma fille et que je la voulais sur-le-champ.

J'attendis un bon quart d'heure, le temps d'endoctriner la pauvre enfant probablement. La porte de clôture s'ouvrit, et Marie tout en larmes se jeta à mon cou, me priant et me suppliant d'une façon si pressante, qu'en dépit de ma colère et de mes résolutions, j'accordai trois jours seulement.

J'ai eu tort, mais que voulez-vous, mon ami, je n'ai jamais eu le courage de contrarier mon enfant.

Le récit du pauvre Tillières ne m'apprenait que deux choses fort claires : c'est qu'il avait commencé à céder, et que Marie, demeurée entre les mains de l'aumônier et des bonnes sœurs, ne tarderait pas à faire cause commune avec sa mère, ou tout au moins à subir passivement ce qu'on exigerait d'elle.

Je dissimulai cette pénible inpression et je dis à Tillières : Il y a quelque chose en tout ceci que je ne comprends pas bien ; voyons, mon brave ami, ne me cachez rien. Qui a pu provoquer cette réaction dévote ?

— Je vous l'ai dit tout d'abord, je ne sais absolument rien. Il n'y a jamais rien eu entre vous et Malvina ?...

— Non, je vous le jure sur l'honneur, mais pourquoi cette question ?...

— C'est qu'il y a quelque temps on m'avait présenté certaine lettre anonyme où l'on insinuait, à ce sujet, des choses...

— Achevez, mon ami...

— J'ai peur de vous blesser... Mais au fait la franchise avant tout. On prévenait donc madame Tillières que vous aviez eu avec la fille de Marigny des relations du genre le plus intime, et qu'ayant refusé positivement de l'épouser et vous étant mis à la recherche de Marie, la famille avait brocanté un mariage tel quel, afin de prévenir les suites possibles de certaines complaisances que la jeune fille aurait eues pour vous...

— Quelle infamie! m'écriai-je, jamais je n'ai été en tête à tête, même une seule minute, avec mademoiselle Marigny. Il n'y a jamais eu un mot d'amour échangé entre nous..., rien... rien qui puisse autoriser une semblable calomnie...; j'en ai toujours parlé, si vous vous le rappelez, avec une extrême réserve et j'évitais de prendre part aux plaisanteries de nos confrères... Moi! l'amant de Malvina !... Qui peut avoir inventé cet abominable conte?... Et quand je pense que, pour m'atteindre, on ne craint pas de flétrir cette pauvre jeune femme, c'est à n'y pas croire, en vérité...

— C'est bien tout ce que j'ai pensé, et je trouvais cela si misérable, que j'avais évité de vous en parler. Madame Tillières elle-même ne semblait point attacher grande importance à cette vilaine paperasse...

— Cependant me voilà écarté, repoussé; car, n'en doutez pas, mon ami, une fois mademoiselle Marie revenue, son cœur ne sera plus le même... On ne l'a pas entraînée à une pareille démarche, sans que toutes les conséquences n'aient été déduites, et ces conséquences ne seront pas en ma faveur.

— Je le crains autant que vous, mon cher enfant,

et comme vous je me perds à chercher la cause réelle de ce coup d'État. Cependant Marie a bon cœur, elle m'aime, je ne la crois pas indifférente à votre égard. Nous essaierons de faire appel à ce sentiment; qui sait d'ailleurs si cette retraite aura sur elle les influences prévues par sa mère?

— Je ne m'abuse pas, dis-je, c'est un coup mortel pour mon amour... je l'aimais bien pourtant, cette chère et douce enfant, je l'aurais rendue heureuse! croyez-le, Tillières, aucun homme ne l'aimera et ne l'appréciera mieux que moi.

— Je le sais pardieu bien, me dit mon excellent ami, oh! oui, vous l'aimez!... Est-ce que je n'ai pas vu tout l'été quels déboires il vous a fallu supporter et comme vous avez passé généreusement par-dessus tout ce que l'on vous a fait souffrir..... A propos, savez-vous pourquoi l'on a refusé de vous admettre à leur diable de conférence?

— Je croyais vous l'avoir dit! Le président Banoud m'en veut, parce que je n'ai pas assez admiré cette méchante brochure qu'il publia cet hiver...

— Mauvaise inimitié!... Enfin, mon pauvre Adrien, ne nous désolons pas encore. J'irai chercher Marie dans deux jours...

— Quelque persuadé que je sois que tout est fini,

dis-je, ne pensez-vous pas qu'une visite à madame Tillières...

— Épargnez-vous ce désagrément inutile... vous savez quel est le triste caractère de ma femme; elle vous recevrait fort mal et vous enverrait à Saint-Michel. De son côté, il n'y a rien à faire, rien à attendre; je compte sur le cœur de mon enfant : c'est aujourd'hui notre seule ressource.

— Oui, mon ami, mais mademoiselle Marie est si dominée par sa mère, si craintive devant elle... Vous-même, oserez-vous ?...

— Oh! je sais ce que vous voulez dire, Fabrigue; tant qu'il ne s'est agi que de moi, j'ai pu courber la tête et accepter le joug le plus dur et le plus insolent... Sans cette abnégation complète, l'existence m'eût été impossible, et notre maison transformée en un enfer permanent ne m'eût pas offert le plus petit recoin, où je pusse me livrer à mes paisibles travaux. Oui, j'ai dû m'effacer, m'anéantir..., laisser le champ libre à cette femme. Je redoutais ses éclats de voix, ses mordantes injures, ses impertinents dédains... Mais ma fille, ma fille unique, ce n'est plus moi, mon ami; celle-là, je la défendrai; je la soutiendrai; je me montrerai son père, son ami, son protecteur... Pour elle, je résisterai... Si on prétend l'opprimer, je la défendrai contre l'oppression... je serai ferme, résolu, violent aussi, s'il le faut...

— Dieu vous entende, dis-je, et puisse cette chère Marie trouver en son cœur un doux sentiment qui la préserve contre les attaques et les obsessions dont elle est entourée à l'heure qu'il est!

En dépit de ces paroles d'espoir, nous nous quittâmes fort tristes l'un et l'autre.

Tillières vint chez moi le lendemain et le jour suivant. Le soir il devait retourner aux Sainte-Marie. Il venait d'avoir une scène violente avec sa femme. Ce jour-là je lui dis : Eh! mon ami, ne craignez-vous pas que l'on profite de cette mêlée pour vous enlever votre fille et en faire une religieuse?

— Non, dit-il, Marie est mineure, ils n'oseraient pas, j'ai la loi pour moi, et puis la mère non plus ne le souffrirait point. Tout ce qu'elle trouve fort bon pour les autres n'est pas à son usage personnel. Ainsi vous l'avez entendue porter jusqu'aux nues le bonheur des religieuses; c'est le *nec plus ultrà* de la piété; mais que l'on se garde de toucher à sa fille, c'est bon pour tout le monde excepté pour elle. A ce sujet je me rappelle que l'an dernier une dame de notre connaissance, veuve depuis peu, s'était vu enlever sa fille unique par des intrigues et des machinations ténébreuses; cette dame osa se plaindre chez nous, et pleurer et se lamenter. Madame Tillières la réprimanda sèchement, lui dit qu'elle devrait se trouver heureuse d'avoir un si beau sacrifice à offrir à Dieu, etc. etc... Cette pauvre femme écoutait la mercuriale en silence, et puis, se ravisant, elle dit tout à coup : Puisque vous trouvez cela si beau, que n'en faites-vous autant; comme moi vous n'avez qu'une fille, offrez-la donc aussi au bon Dieu, dans quelque ordre bien rigoureux qui vous en prive pour toujours. — Oh! ma fille, c'est différent, elle n'a pas la vocation. — En êtes-vous bien sûre : tenez, confiez-la quelques mois à la direction du malheureux intrigant qui a tourné la tête de la mienne : opposez ensuite votre volonté à celle de cet homme sans cœur et vous verrez... — Madame, c'est d'un prêtre que vous parlez ainsi, reprit ma femme en feignant une profonde indignation; cessez, je vous prie : je ne puis entendre de pareilles horreurs. La pauvre mère affligée se tourna vers moi, et me dit : Ah! mon cher monsieur Tillières, vous me comprenez bien, vous : il n'y a que nous autres gens indévots qui sachions ce que c'est que le cœur.

— Ne craignez donc rien pour le couvent, mon cher Fabrigue : Marie n'a aucun attrait pour ce genre de vie; j'ai bien plutôt peur qu'il n'y ait en dessous quelque dévot du genre Banoud.

— Il ne manquerait plus que cela, m'écriai-je avec colère. Eh! bien, je vous jure que s'il se trouve quelque drôle assez hardi pour me supplanter, je le provoquerai de manière...

— Êtes-vous fou, Fabrigue? ces gens-là ne se battent pas; ils mordent sournoisement, et il est aussi impossible de les atteindre que d'attraper le chien hargneux qui s'est jeté à vos jambes et qui s'enfuit ensuite à travers champs. Mettez donc de côté ces idées guerroyantes, mon ami : en supposant que tout soit perdu, elles ne raccommoderaient rien. Mais moi, j'espère encore, je me fie au cœur de Marie; c'est sur lui que nous devons appuyer notre plan de campagne. Pas plus que vous je ne m'abuse, il y aura lutte certainement; à nous la victoire, si ma fille est pour nous.

— Et en attendant, dis-je, que d'inquiétudes, que de mortelles angoisses! est-ce que je ne pourrais pas savoir ce soir même le résultat de votre visite aux Sainte-Marie?

— Je vous écrirai un mot, et demain je viendrai vous voir dès la première heure.

Ce mot, je le reçus assez tard. Il m'apprenait que Tillières, tourmenté, harcelé par sa fille et par les sœurs, avait accordé la fin de la semaine, c'est-à-dire trois autres jours. Des dispositions de Marie, il n'en était pas question.

J'attendis vainement la visite de mon collègue. Un professeur que je rencontrai me dit que Tillières avait eu ce qu'on appelle vulgairement un coup de sang, et qu'il était assez sérieusement malade. Je me présentai pour le voir. La porte me fut fermée.

Ce furent de pénibles journées que celles-là. De toutes les douleurs humaines, il n'en est guère de plus insupportable qu'une incertitude prolongée, surtout lorsque cette incertitude s'en prend aux fibres les plus tendres et les plus vibrantes de notre cœur; qu'il est impossible d'en sortir et que notre chagrin se reploie sur nous, sans que nous puissions le confier à qui que ce soit.

J'étais en outre inquiet du pauvre Tillières. Il reparut enfin. Ces quelques jours d'indisposition l'avaient fort changé.

— Eh bien, mon ami, mon brave ami, lui dis-je en le voyant entrer, qu'y a-t-il? comment vous trouvez-vous? et Marie, qu'est-elle devenue?

— Elle est chez moi, mon ami.

— Eh! parlez de grâce, que vous a-t-elle dit? lui

avez-vous bien exprimé tout le chagrin que j'éprouve ?... puis-je encore espérer ?...

— Hélas, la malheureuse enfant a la tête à l'envers, elle pleure, elle se lamente, elle me répète sans cesse : que monsieur Adrien consente à se confesser, à faire ses pâques, rien ne sera changé entre nous ; mais je ne puis en conscience épouser un homme irréligieux. J'ai voulu lui parler le langage de la raison, lui faire comprendre l'indélicatesse de pareilles exigences, la triste alternative où l'on place un homme d'honneur entre un acte ou tout au moins une promesse hypocrite et la perte de ses plus chères espérances ; je lui ai démontré que la foi ne rentre pas ainsi subitement et à volonté au cœur de l'homme ; qu'il faut du temps, de la réflexion et surtout la liberté d'action. A tout cela elle me répond : Alors, mon bon père, j'attendrai, j'attendrai aussi longtemps qu'il plaira à Dieu. Je lui ai dit combien vous étiez désolé, combien vous souffriez, vous qui l'aimiez si véritablement. Elle s'est attendrie, elle a pleuré plus abondamment, puis elle a fini par me dire : Oh ! lui, monsieur Fabrigue, il se consolera bien vite, plus vite que moi !... je ne suis pas la première qu'il ait aimée !... que lui importe, moi ou une autre !... J'ai voulu l'amener à expliquer ces paroles, elle s'est renfermée dans un morne silence. Vous devinez comme moi de quelles armes on s'est servi, ce qu'on a dû faire entendre à demi-mot à la pauvre enfant. Pour certains directeurs, la pudeur de la jeune fille n'existe pas. Il semble qu'ils prennent un misérable plaisir à en faire litière.

J'étais si ému que je ne répondis pas d'abord.

— Voilà, dis-je après un assez long silence, voilà bien le triste résultat auquel nous nous attendions. Je veux pourtant essayer un nouvel effort. Madame Tillières m'a fait refuser sa porte. Permettez-moi d'écrire à Marie, chargez-vous de lui remettre ma lettre, priez-la de la lire devant vous. Il est impossible que tant de bienveillance de sa part, tant de muettes promesses échangées entre nous se soient ainsi transformées en une sorte d'indifférence et d'éloignement. Peut-être, ces paroles sorties d'un cœur qui lui est passionnément dévoué, trouveront-elles un écho dans son propre cœur; peut-être contre-balanceront-elles l'influence banale du confesseur.

— Écrivez; je ferai ce que vous voudrez. Du reste, quoique vous me voyiez assez calme, je suis décidé à tout. A la première bonne pensée de Marie, à sa première réminiscence franchement accusée, dussé-je quitter ma femme, me sauver au loin avec ma fille, abandonner tout, je le ferai.

Je passai une partie de la soirée à écrire, et j'eus toutes les peines du monde à composer une lettre telle que je la voulais. Certes je n'avais qu'à laisser parler mon cœur sans chercher des phrases et des détours. De bonnes et tendres paroles sortaient tout naturellement de ma plume ; mais comme je pensais que cette lettre pourrait être mise sous les yeux du confesseur, j'en calculais tous les termes, toutes les expressions, afin qu'une noire méchanceté ne pût trouver dans une phrase affectueuse le prétexte de crier à la passion, au scandale.

Je communiquai ma lettre à Tillières, le digne homme s'attendrit en la lisant : Pauvre garçon ! me dit-il, comme vous l'aimez, cette méchante petite fille, et quel malheur que l'on se soit mis entre vous. Tenez pour certain que votre lettre sera lue et lue devant moi. Si Marie n'est pas touchée de vos sentiments aussi nobles que tendres, c'est que vraiment elle n'est pas digne de les inspirer.

Cette démarche dont je n'attendais rien, que je faisais uniquement pour n'avoir rien à me reprocher, eut un singulier effet sur mon imagination. Je sentis de nouveau l'espoir se cramponner à mon pauvre cœur. De tous les sentiments de l'homme, celui-là s'éteint le dernier ; il survit à toutes les déceptions et le moindre rayon de soleil lui sourit comme le retour de jours désormais sans inquiétude et sans nuages.

M. Tillières, malgré la surveillance et les violences de sa femme, s'empara de Marie ; il lui donna ma lettre, la pria de la lire avec attention et d'y faire telle réponse que lui dicterait son cœur; et comme la jeune fille hésitait à la décacheter en disant qu'elle l'emporterait dans sa chambre, il lui ordonna de lire devant lui, en déclarant qu'il regarderait sa désobéissance comme la plus sanglante injure qu'elle pût lui faire.

Marie, debout dans l'embrasure de la fenêtre, lut donc ma pauvre lettre; elle essaya d'abord une contenance impassible et froide; peu à peu l'émotion la gagna et ce fut en sanglotant qu'elle acheva les dernières lignes. — Tu vois, lui dit son père, quel bon et honnête garçon tu repousses aujourd'hui, il t'aime et tu l'aimais aussi avant que de lâches calomnies ne fussent venues l'atteindre dans ton cœur. Veux-tu l'épouser ? parle sans détour, mon enfant; quelque opposition que fasse ta mère, je saurai la réduire... je veux seulement savoir si tu n'as point de répugnances personnelles, si tu agis de ton plein gré, indépendante de toute pression étrangère. — Oui, mon bon père, c'est moi seule, maintenant, moi qui ne veux plus... — Pourquoi, ma chère enfant? tu dois avoir quelque gros motif, quelque motif nouveau, car hier encore tu n'étais pas aussi précise; tu disais : Que M. Fabrigue se convertisse... — Oh! c'est qu'hier je n'avais pas lu cette lettre; hier, je ne comprenais pas, comme je le fais à l'heure qu'il est, qu'on ne doit jamais dire à quelqu'un : Croyez, pratiquez... J'estime monsieur Adrien, je l'estime davantage... je sens qu'il ne pouvait céder à une injonction ainsi formulée sans s'abaisser, et même sans offenser Dieu. Dites-lui donc que j'ai lu, que j'ai compris sa lettre, que je le remercie des bons sentiments qu'il m'exprime, mais il faut qu'il m'oublie, qu'il ne pense plus du tout à moi. En face de ces cruelles contradictions, je prends la résolution de renoncer au mariage; je resterai paisible près de vous; je vieillirai en vous servant, en vous aimant tous les deux, je tâcherai d'apporter dans votre intérieur la paix, au lieu de la désunion... Sur ces derniers mots, la jeune fille se reprit à pleurer. Son père lui dit : En vérité, ma pauvre Marie, tu me désoles! malgré tes protestations, je sens que ton cœur souffre; mais ton manque de courage et j'ajouterai, de franchise, me ferme la voie par laquelle j'aurais pu te tirer d'affaire. Souviens-toi de ce que je vais te dire : Plus tard. tu te marieras, tu te marieras si tu veux, en dehors de mon influence et de mes conseils: ce nouveau choix, dirigé par les coteries de dévotion, fera ton malheur et le nôtre. Adrien te convenait parfaitement : d'abord vous vous aimiez, mes pauvres enfants, puis il a un excellent caractère, doux et point tracassier, un cœur affectueux; sa profession te laisse dans le milieu où tu as toujours vécu. Tu es instruite, tu aimes les livres, les conversations sérieuses... Épouse un commerçant par exemple... — Mon père, dit la jeune fille avec vivacité, je vous le promets, je ne me marierai jamais... oh! jamais... vous le direz à monsieur Adrien, c'est assez d'un sacrifice! qu'on se garde de m'en demander davantage. — Ainsi je le constate d'après tes paroles, c'est un sacrifice que d'éconduire le pauvre Fabrigue... — Oui, c'est un sacrifice je le fais à Dieu, à mes convictions religieuses; n'en parlons donc plus, je vous en conjure; vous ne savez pas quel mal cela me fait. J'ai pu croire un moment que nous serions heureux; maintenant je vois qu'il y a trop de choses entre nous... — Achève, ma fille. — La différence d'idées religieuses d'abord..., et puis le passé..., la triste vie qu'il a menée... Non, non, je ne pourrais pas être heureuse avec lui : il ne serait pas heureux lui-

même : tout est donc pour le mieux dans notre séparation... — Et cependant, tu pleures, tu le regrettes, tu ressens un déchirement intérieur. — La vie n'est-elle pas que douleur et brisement, mon pauvre père ? je commence mon triste apprentissage... — Oui, ma fille, et tu le commences par ta propre faute; tu t'es éloignée de moi, tu m'as retiré ta confiance pour l'accorder à des gens qui ont égaré et faussé ton esprit ! moi, vois-tu, je ne suis pas un dévot, je ne saurais entrer dans de honteux détails qui nous feraient rougir l'un et l'autre; crois-en pourtant ma parole d'honnête homme, Fabrigue n'a rien fait qui puisse lui enlever ton estime et ton affection... Veux-tu que je te dise la vérité ? tu crains ta mère, tu subis l'influence des sœurs... On a quelque secret motif pour rompre cette union, un motif que tu ignores toi-même...
— Mon père, ne vous fâchez pas, et n'ayez de ressentiment contre personne, ma seule volonté est en cause; c'est moi qui repousse ce mariage, moi qui ai fait de nouvelles réflexions... — Ainsi, tu réponds par un refus formel à la lettre de mon collègue. La jeune fille inclina la tête en signe d'assentiment... — Je dois le voir aujourd'hui; tu n'as rien de plus à lui faire dire ? — Je regrette la peine que je lui cause et, si c'est une satisfaction pour lui, je

souffre aussi ; mais il vaut mieux obéir à Dieu... — Obéir à Dieu, c'est-à-dire à ton confesseur. Écoute, Marie, j'ai rempli envers toi les devoirs d'un bon père, j'ai voulu t'établir de manière à te créer une existence supportable, j'ai essayé de te soustraire au triste avenir qui se prépare pour toi, j'ai échoué... Quel que soit cet avenir désormais, ne me le reproche pas... — Oh ! dit la pauvre fille, en étouffant ses sanglots, pourquoi ne puis-je accorder mes devoirs et mon inclination !... Mais non, cela ne se peut pas. Allez, mon père, dites tout à monsieur Fabrigue, dites-lui un dernier adieu de ma part.

Tillières était encore sous l'impression de cette pénible explication lorsqu'il arriva chez moi, et ce fut d'une voix émue, saccadée, qu'il me raconta l'insuccès de nos efforts. J'étais attristé et non surpris. Mon collègue était irrité : Écoutez, Fabrigue, me dit-il, c'est un malheur, parce que vous aimez cette enfant et que vous souffrez ; mais cela passera, et vous évitez sans vous en douter un malheur plus durable et plus difficile à supporter. Une femme dominée par les prêtres, quand elle tombe en certaines mains, c'est le dernier des supplices pour la vie d'intérieur. Que voulez-vous dire à une personne qui, en public, garde toutes les apparences, qui vous met sans cesse et au bout de tout la volonté de Dieu, les exigences du devoir, qui se pose en victime à la moindre observation et qui tourne en fusée si on lui résiste... Tenez, puisque vous êtes échappé à ce danger, bien malgré vous, mon ami, mais enfin puisque vous y échappez, ne vous mariez jamais à une dévote : c'est pire que le diable.

Comme je ne lui répondais rien, il reprit avec amertume : Oh! non, vous ne savez pas ce qu'un honnête homme peut souffrir avec une créature de cette espèce... vous avez vu bien des choses pénibles chez nous depuis le temps où je vous y ai reçu pour notre profond chagrin à tous deux, mais vous ne connaissez que la moindre partie. Voilà dix ans que je suis soumis à une existence dont on ne saurait se faire une idée, à moins de l'avoir subie, une existence de paria dans ma propre maison; contre-carré, annihilé, vexé sans aucun ménagement, et cela n'a pas toujours été ainsi. Lorsque je me suis marié, il y a vingt ans, j'étais loin d'envisager un si triste avenir. Vous savez que madame Tillières est la fille de l'ancien proviseur D...; je l'avais connue pendant mon professorat. C'était alors une jeune fille presque aussi jolie que Marie ; elle n'était pas heureuse : toute la tendresse des parents se portait sur l'aînée ; je crois qu'ils auraient désiré faire une religieuse de la cadette. Les D... étaient de bonnes gens, mais ils manquaient complétement d'ordre et d'arrangement ; criblés de dettes, ils vivaient d'expédients et d'emprunts. Les travaux de plume du pauvre D... étaient escomptés à l'avance; il y avait dans cette famille une pénurie atroce, d'autant plus grande qu'ils aimaient le monde avec passion et qu'ils sacrifiaient tout au désir de paraître et de représenter.

Monsieur D... accueillit d'abord ma demande par un refus; mais, quand il s'aperçut que sa fille et moi nous nous entendions, qu'il sut que j'avais quelque argent et que je ne demandais point de dot, il revint sur sa première décision.

Mademoiselle D..., comme toutes les personnes qui ont souffert au foyer domestique, était un peu aigrie, attristée; je le savais et je ne m'en épouvantais point. J'espérais que mes soins affectueux ne tarderaient pas à guérir les blessures de ce jeune cœur, injustement méconnu et froissé.

Ainsi que je l'avais prévu, ma manière d'être changea bien vite le caractère de ma femme. Je remis entre ses mains le gouvernement absolu du ménage: je la laissai libre et maitresse et je fis bien. L'horreur de la gêne cruelle qui avait assombri sa jeunesse, toujours présente à son souvenir, la rendit dès le début une excellente ménagère.

Nous avions été envoyés en Alsace, aussitôt après mon mariage. Ce fut là que ma fille vint au monde, là que nous passâmes huit années de paix et de bonheur.

Nos affaires prospéraient ; j'avais plus de leçons que je ne pouvais en donner ; enfin j'héritai d'un vieux parent. Ce bien-être, cette maison où le mot dette était inconnu, où l'ordre et l'aisance régnaient sous l'œil attentif d'une femme intelligente, où une douce entente animait les deux époux : c'était un vrai paradis alors.

Mon ambition était satisfaite, la place que j'occupais entrait parfaitement dans mes goûts, et il vaut toujours mieux être supérieur à son emploi que de le sentir peser comme un fardeau sur son incapacité.

Je ne demandais donc point d'avancement, je désirais vieillir à mon poste ; lorsqu'un maladroit et bienveillant ami me fit nommer à la chaire que j'occupe aujourd'hui.

Je ne pus m'empêcher d'être flatté. Rien ne fait plaisir comme une promotion inattendue et qui semble la récompense de services appréciés par les chefs.

Ma femme fut très-sensible à l'augmentation de traitement : moi, j'appréciais la prospérité du Lycée, la richesse du pays et surtout la douceur du climat et la beauté de la ville.

Cependant mon cœur se serra en quittant le nid heureux et paisible qui avait abrité nos premières années de ménage : la maisonnette où ma chère petite fille était venue au monde, le jardinet que nous avions cultivé, les arbres et les fleurs qui nous devaient leur croissance... J'eus des pressentiments, et j'y crois, mon cher Adrien, comme y croient tous les cœurs faibles et tendres... Oui, j'eus le pressentiment que nous laissions notre bonheur en ce petit coin de la terre...

La ville que nous quittions, plutôt allemande que française, est un des grands centres manufacturiers de l'Alsace. La population, mêlée de catholiques et de protestants, est trop dominée par les intérêts matériels pour se préoccuper beaucoup des controverses et des querelles religieuses. Le clergé catholique s'y faisait alors remarquer par des mœurs extrêmement pures et une tolérance pleine de charité et de douceur. Il n'était pas rare de voir le curé de notre paroisse s'entendre avec le pasteur afin d'aider et de secourir telle famille mixte tombée dans la misère. Le pasteur, qui se trouvait notre plus proche voisin, était lui-même un modèle d'honnêteté et de vie régulière; nos jardins n'étaient séparés que par des clôtures de houblon. Les jeunes filles du pasteur, plus âgées que Marie, l'attiraient à elles, et la gardaient des soirées entières. Je n'ai jamais vu une famille meilleure et plus unie. Ma femme aimait beaucoup ces excellentes gens, qui accablaient son enfant de caresses et s'ingéniaient à l'amuser.

Madame Tillières était alors d'une piété raisonnable, nous allions à la messe ensemble tous les dimanches. Nous faisions maigre les jours d'abstinence. Une seule pratique me rebutait infiniment, c'était la confession.

Froissé cruellement par le parti clérical lors des dernières années de la Restauration, j'avais eu le tort, si c'est un tort après tout, de m'en prendre à la religion et de confondre le prêtre avec certaines pratiques religieuses. Mes études sur les Pères de l'Église, mes recherches dans les bibliothèques allemandes, contribuaient aussi à cet éloignement : je croyais et je crois encore que la confession, telle qu'elle se pratique de nos jours, est une innovation dangereuse, et que l'intention de J.-C. n'était point de la constituer ainsi... Je sais que l'on peut me dire que j'attaque l'infaillibilité de l'Église qui a reconnu et sanctionné cet abus... Mais nous ne sommes pas là pour traiter une question théologique, mon pauvre ami... J'en reviens à ma femme, elle était donc sagement pieuse, sans entêtement et sans exagération. A une pratique de surérogation, elle ne savait jamais sacrifier un devoir. Elle disait que la meilleure piété d'une femme mariée était de faire régner le bon ordre dans sa maison.

La contrée où nous arrivions était bien différente de notre bon pays alsacien. Je n'ai rien à vous dire de l'esprit de la société... Vous voyez que pour être dévots et légitimistes passionnés, les habitants ne sont ni meilleurs, ni plus charitables.

La lutte entre le clergé et le gouvernement, au sujet de l'enseignement, était alors dans tout son éclat, et je tombai, fort inoffensif, en plein pays de guerre. Les injures et les grossièretés pleuvaient de droite et de gauche, mais je dois convenir que la palme du genre restait entre les mains de la presse néo-catholique. C'est à cette époque qu'un fat encapuchonné intercalait dans une prière à propos de la fête du massacre des Innocents, une tirade pittoresque qui comparait les professeurs de l'État à autant d'Hérodes meurtriers des âmes de la jeunesse.

Les passions politiques, toujours vivaces dans ce pays de traditions légitimistes, aidaient merveilleusement les prétentions dominatrices du clergé. Tout était nettement tranché, et deux camps ennemis s'élevaient sans mystère et au grand soleil vis-à-vis l'un de l'autre.

Pour son malheur et le mien, ma femme retrouva à C... une ancienne compagne de couvent. Cette dame jouait un rôle important dans les intrigues religieuses et politiques qui agitaient le pays. C'était au fond une assez méprisable créature, donnant à Dieu les restes d'une santé dont le diable ne voulait plus : mais qu'importait à la coterie ? Madame D. L. agissait, remuait ; elle recrutait de tous côtés soit des pensionnaires pour le petit séminaire, soit des jeunes filles pour le cloître ou des mères de famille pour les associations, espèces de franc-maçonneries dévotes, dont la devise secrète était : Henri V. et domination des prêtres.

Elle entreprit la conversion de ma pauvre femme.

Avec un caractère contrariant comme était le sien, du cœur médiocrement, un besoin d'action et de mouvement, il ne fut pas difficile à la dévote personne de s'emparer de cet esprit remuant, surtout en flattant adroitement sa vanité.

En moins d'une année, et à mesure que madame Tillières mettait plus d'ardeur à ses nouvelles pratiques, je vis paraître une à une les aspérités du passé qui s'étaient comme fondues dans notre mutuelle affection.

C'étaient des exigences sans fin et sans bornes : une ardeur de prosélytisme incroyable. Ma femme voulait de gré ou de force emporter ce qu'elle appelait ma conversion. Je devais aller à tel sermon, paraître à tel office. Elle prétendit une année me faire faire mes pâques… Dirigée par d'âpres et funestes conseils, fort en harmonie avec son caractère, elle imagina enfin de m'obliger à quitter ma chaire pour passer armes et bagages au camp ennemi.

Les athlètes du clergé savaient bien crier dans les journaux et dans de méchantes brochures ; mais ils manquaient de professeurs capables pour leurs colléges, et ils étaient obligés de se retourner du côté de cette université tant bafouée. Là ils prenaient ce qu'ils trouvaient, et c'était une bonne chance que d'entraîner dans leurs rangs un professeur un peu comme il faut.

A toutes ces déplorables tracasseries, je me contentais d'opposer une résistance silencieuse mais absolue.

Je dis à ma femme avec douceur, mais avec fermeté, que tous mes soins tendraient comme par le passé à la rendre heureuse, que je la laissais libre en tout, ne demandant que la réciprocité. Elle s'em=

porta..., elle bouda..., elle me traita de voltairien, d'athée, elle finit par me dire qu'elle était bien malheureuse d'avoir lié sa vie à celle d'un être de mon espèce... J'essayai de la raisonner, de lui rappeler nos années de bonheur, l'honorabilité de mon existence tout entière... — Oui, c'est cela, me dit-elle, vous êtes un honnête homme selon le monde, c'est-à-dire un peu plus qu'un voleur et vous n'en serez pas moins damné.

J'espérais qu'avec le temps ce zèle violent et querelleur se calmerait et je m'appliquai à éviter toute discussion à ce sujet : mais madame Tillières était trop exaltée et surtout trop habituée à la domination pour s'arrêter.

Une retraite au couvent des Saints-Anges acheva l'œuvre de perturbation de notre intérieur.

Cette retraite était une bonne aubaine pour le couvent, et un moyen de pénétrer jusqu'au fond du cœur des familles, le plus souvent pour y jeter le trouble et la confusion.

Les prédicateurs étaient triés dans l'esprit de la chose, et j'ai entendu avancer en pleine chaire des paroles qui eussent fait rugir les Bossuet et les Fénelon. Mais qu'importait l'orthodoxie?.. il ne s'agissait pas de cela. Convaincre les esprits, toucher les cœurs n'étaient que des questions secondaires. On voulait emporter la place et réduire les hommes à se faire dévots, sous peine d'être déchus de tout droit dans la famille.

Un de ces prédicateurs, plus emporté et plus hardi que les autres, osa traiter crûment et publiquement une de ces questions de théologie insensée, qu'un confesseur n'aborde qu'avec peine dans le mystère du tribunal secret.

Madame Tillières, ne se trouvant pas assez éclairée par cette dissertation publique, jugea qu'il serait utile au salut de son âme de voir en particulier l'impudent prédicateur.

.....Que vous dirai-je, mon pauvre Adrien, après quelques entretiens de confessionnal, ma femme fit dresser une couchette dans mon cabinet de travail et me signifia que désormais nous n'aurions plus rien de commun que la table.

Quoique je m'attendisse un jour ou l'autre à ce pénible résultat, mon cœur n'en fut pas moins navré. J'étais jeune encore, j'aimais cette femme que j'avais épousée par amour. Les incidents un peu romanesques de notre mariage, dix années de bonheur et de tendresse, tout cela se représentait douloureusement à mon souvenir. Je ne pouvais croire à une scission aussi complète, qui me plaçait, moi homme marié, entre le célibat ou le mépris de mes devoirs.

Froissé dans mes sentiments les plus doux et les plus chers, je n'essayai ni remontrances ni récriminations ; ma femme, livrée aux impulsions d'un homme que je méprisais, mais qui la dominait essentiellement, me chassait de sa chambre et du lit conjugal. Elle ne m'aimait plus... Une autre affection, dont je ne définis point la nature, venait de se placer entre nous : le directeur, au lieu de mari... Quand les choses en arrivent là, mon cher ami, il faut croiser les bras et se résigner...

Ne croyez pas pourtant que cette résignation me vint tout de suite et sans une profonde amertume. Oh ! non... non... Je vous l'ai dit : j'aimais tendrement ma femme.., ma vie n'était occupée que d'un seul soin : la rendre heureuse... Elle aimait l'argent ; pour satisfaire ce penchant, je me livrais sans réserve à l'ingrat labeur des leçons particulières ; je passais une partie des nuits à travailler. Une caresse, une parole amicale, un encouragement affectueux, compensaient et au-delà toute l'âpreté de ma tâche...

Cette expédition sommaire consommée, j'espérai que madame Tillières, la conscience en repos sous l'égide de son cher directeur, allait me laisser tranquille, et que notre intérieur reprendrait ses allures paisibles d'autrefois.

Il n'en fut point ainsi.

Nous avions amené d'Alsace une belle servante, forte, courageuse, propre et d'une extrême douceur; malheureusement elle était luthérienne... Le confesseur de madame Tillières entreprit de la réduire; la servante résista : elle tenait fortement à sa communion... Vaincus tous deux, le confesseur et la pénitente, furent blessés de l'obstination de cette pauvre fille : on lui donna congé...

Je fis quelques observations; je voulus faire comprendre à ma femme combien cette brave fille nous était utile au point de vue de la sécurité morale et matérielle de notre enfant..; je dis encore que j'étais accoutumé au service de Marthe, que je voulais la garder, et que j'étais assez contristé, assez mal mené depuis quelque temps pour qu'au moins on me laissât cette consolation...—Bien, bien, — reprit aigrement la nouvelle convertie, — je comprends, cette fille vous est nécessaire!... Raison de plus pour qu'elle s'en aille... Je ne veux point de vilenies chez moi... Mettez-la en chambre, ce sera plus commode... — Malheureuse! répondis-je outré de cette nouvelle atteinte, vous mériteriez que je vous prisse au mot... Mais cette fille est trop vraiment chrétienne, et moi trop honnête homme pour avoir de semblables pensées.

L'année suivante fût marquée par un nouveau chagrin; on m'enleva ma chère enfant, ma douce Marie, pour la faire élever au couvent... Je croyais faire moi-même son éducation : c'était si naturel et si facile... J'opposai pendant longtemps une résistance désespérée, mais enfin, je cédai : je n'en pouvais plus; c'était plus qu'une guerre : c'était un enfer permanent...

Ce fut alors, mon ami, que je me réfugiai sans retour dans cette ardente passion de travail et d'étude; cela me rendit moins douloureuses les blessures qui me torturaient... Et pour avoir la paix, cette paix nécessaire à l'homme de cabinet, j'accordai tout, je laissai tout faire... Sans bruit et sans donner prise aux récriminations avaricieuses, je supprimai quelques leçons particulières, je m'enfermai avec mon Hérodote... Oh! quel beau livre! mon ami, voilà tantôt dix ans que je vis avec lui... dix ans que j'y découvre de nouvelles beautés, des curiosités exquises, inconnues du monde savant... Je prépare un travail que je n'ai jamais communiqué à personne, une vraie œuvre de bénédictin, toute de réflexions et de recherches; je vous aurais montré cela à vous...

Mais qu'est-ce que je vous dis là? excusez-moi, Fabrigue, ce livre, voyez-vous, dans ce cabinet silencieux... bientôt ce sera mon dernier, mon seul bonheur... car ils m'ont enlevé le cœur de mon enfant, comme autrefois ils m'ont arraché le cœur de ma femme...

Quelle douleur, mon Dieu! vivre sous le même toit, mais à part...; n'avoir plus ni épanchement, ni confiance, plus un sentiment du cœur qui vous relie l'un à l'autre; sentir près de soi une âme hostile, haineuse, qui abhorre votre état, qui vous le reproche, si humble et si honorable qu'il soit; comprendre qu'entre vous et cette femme qui porte votre nom, que vous aimiez tendrement, un tiers s'est audacieusement placé et qu'il vous a pris toute sa confiance, toute son affection, que cet homme, ce prêtre, a brisé froidement votre bonheur et qu'il se rit peut-être de l'amertume et du trouble qu'il a jetés sur votre existence, c'est cruel... mais c'est irrémédiable.

Dieu veuille que tout soit pur dans ces intimités de confesseurs et de pénitentes; je m'efforce de le croire, car il serait par trop pénible d'en douter. Cependant les prêtres sont des hommes, des hommes soumis aux passions inhérentes à l'humanité. La grâce en a-t-elle fait des anges? je l'ignore. Ce que je sais positivement, c'est qu'ils peuvent faire ou

7.

beaucoup de mal ou beaucoup de bien, et qu'une terrible responsabilité pèse sur eux.

Croyez-moi donc, Fabrigue, mieux vaut vivre seul; tout seul avec ses livres, vrais amis qui ne vous trompent jamais, que de voir sa vie attachée à celle d'une femme qui ne vous aime plus; surtout quand cet éloignement est systématique et calculé.

Vous voyez, mon pauvre enfant, quelle est ma misère; le temps en diminuait peu à peu l'intensité et la profondeur..; mais à l'heure qu'il est, l'action funeste des mêmes idées, pesant sur ma fille et l'entraînant à son malheur, me révolte et m'exaspère à un point que je ne saurais dire. Vous êtes jeune, vous, vous êtes homme, oubliez cette jeune fille qui se montre si ingrate envers vous, envers moi...

La bigoterie a desséché son cœur; je le croyais affectueux et tendre... Dominée par un Révoil, par les sœurs, Adrien, consentit-elle à ce mariage, vous seriez malheureux et plus à plaindre encore que je ne l'ai été, car vous ne sauriez ni vous résigner, ni vous effacer... Ma femme se mêlerait de votre ménage; ce serait un autre enfer...

M. Tillières se tut. Son visage s'était empourpré en parlant; il se leva et alla respirer à la fenêtre. Je voyais qu'il souffrait presque autant que moi et je compris, hélas! que le mal était irrémédiable.

Je ne pouvais guère rester à C... après cette déplorable avanie... Je souffrais de toutes façons, et mon amour-propre n'était point épargné : j'étais harcelé de questions indiscrètes ou malveillantes..., de condoléances aussi vexantes que des moqueries déguisées. Les dévots jetaient feu et flamme contre moi, et, afin de couvrir l'étrange conduite de madame Tillières, on me noircissait sans pitié.

Le parloir des Sainte-Marie, les salons de la coterie, retentissaient de mon pauvre nom, si obscur naguère, et j'avais presqu'autant de vogue qu'un illustre scélérat.

La place n'était donc plus tenable: il fallait à tout prix changer de résidence. Tel était aussi l'avis de mon pauvre et faible collègue, qui sans doute préférait ce dénouement pacifique à une lutte plus prolongée et sûrement inutile.

J'avais un ami à Paris, je lui écrivis pour demander mon changement immédiat... Il me répondit que j'avais été prévenu par le proviseur, et qu'il y avait au ministère des notes confidentielles sur mon compte qu'on refusait de lui communiquer. J'allais donc avoir le changement que je désirais et on allait probablement profiter de ma démarche pour me déplacer sans avancement.

Le proviseur était un homme extrêmement faux. Il n'aimait pas le clergé, mais, comme il le craignait, il nageait entre deux eaux et tâchait de se maintenir vis-à-vis de ce puissant ennemi. Pour être impartial, il faut convenir que sa position était des plus difficiles à cause de l'esprit du pays.

La nature du service que me rendait mon ami, ne me permettait aucune explication avec mes chefs, ce qu'il savait lui étant confié par un employé sous la réserve du secret le plus absolu.

Quand j'allai faire mes adieux au lycée, on me donna un de ses pitoyables comédies qui se jouent tous les jours dans le monde. Le proviseur feignit d'être désolé de ma demande, ne la comprenant point, me promettant son appui et son estime comme par le passé, etc. J'avais envie de lui rire au nez... Le fait est qu'il voyait quelque chose d'étrange sur ma physionomie et qu'il s'embarrassait beaucoup dans ses protestations mensongères.

Deux jours après, on lisait dans le journal de l'instruction publique : M. *Larousse* remplace M. Fabrigue, appelé à d'autres fonctions.

— Où allais-je être envoyé?... Ma nomination se ferait-elle attendre?.. J'avoue que j'eus le cœur bien serré en lisant ces lignes qui me semblaient le complément de mon profond chagrin.

Avant de quitter cette ville où, malgré tout, je laissais une bonne part de moi-même, je fis quelques visites, et ce fut une malheureuse idée que j'eus là : je retournais dans ma famille, triste, douloureusement blessé, assez mal recommandé au ministère, mais ayant conservé ma dignité morale sans m'attirer de haines positives et qui dussent dépasser mon séjour à L…

Mes malles étaient closes. J'avais fait mes derniers adieux au pauvre Tillières ; il me restait à peine quelques heures devant moi. J'en profitai pour voir encore une famille qui n'avait cessé jusqu'à la fin de me témoigner un vif intérêt. Je ne trouvai que la dame ; elle était assez liée avec madame Tillières par les associations et les pieuses manœuvres de parti : cependant elle faisait bon marché de la dévote et s'en moquait volontiers.

Cette dame me reçu affectueusement. En sa qualité de bavarde et d'insatiable curieuse elle essaya de me mettre sur le chapitre de mon mariage, espérant qu'au moins j'allais un peu abimer *sa pieuse amie*. Quand elle vit que j'éludais ses questions et que je cherchais à porter la conversation sur un autre terrain, elle prit bravement l'initative.

— Vous ne voulez rien me dire, monsieur Fabrigue, vous faites le discret et le mystérieux, vous avez bien tort, car j'en sais probablement plus que vous sur votre affaire... — C'est ainsi qu'elle finit par attirer ma curiosité...

— Il se peut, lui répondis-je, car moi je ne sais rien ou peu de chose... Ce qui est parfaitement clair, c'est que je m'en vais, que je ne reviendrai pas et que j'emporte assez de tristesse de votre pays pour me faire regretter d'y être venu.

— Pourquoi quittez-vous comme cela une partie qui n'est qu'à moitié perdue? La petite Tillières vous aime au fond, j'en suis sûre et, quand le temps aura amoindri l'influence des sœurs, peut-être les choses eussent-elles changé de face...

— Je vous en prie, laissons cela de côté...

— Mais non, laissez-moi dire un peu; nous autres femmes, c'est notre plaisir de bavarder et de nous mêler précisément de ce qui ne nous regarde pas; vous savez que c'est M. Banoud, aidé du curé de... qui vous a joué ce mauvais tour...

— Le curé de...! je ne le connais point?

— C'est le directeur extraordinaire, l'ancien confesseur de madame Tillières. Quoique absent, le cœur

est encore tout à lui : on lui écrit, on le consulte....;
madame Tillières n'oserait faire un pas sans sa
permission... Oh! c'était bien curieux dans le
temps... Elle n'allait jamais qu'à la messe de
M. l'abbé, M. l'abbé la venait voir à peu près
tous les jours, M. l'abbé avait fini par envoyer
le mari coucher au grenier... Que sais-je? Madame
Tillières était encore jeune et assez jolie. Toute
la ville s'amusait de cette histoire. Elles étaient
une douzaine de folles aux trousses de ce vicaire;
elles se disputaient ses regards et ses bonnes grâces. Enfin Monseigneur, harcelé de plaintes, ennuyé de scandales, s'est débarrassé du personnage
en lui donnant une cure de canton. Vous savez
qu'il est venu vers le temps de la fameuse retraite.

— J'ignore tout à fait ces détails... Ainsi ce seraient et M. Banoud et ce prêtre...?

— Sans aucun doute Je vois beaucoup madame
Banoud; en voilà une, par exemple, qui n'est pas
trop heureuse et que son mari mène de haut et de
court. Cette pauvre femme vient souvent ici pleurer
et me conter ses peines; c'est elle qui m'a fait la
confidence de tout ceci. Elle ne peut s'expliquer l'antipathie que vous inspirez à M. Banoud. Elle m'a
demandé si vous fumiez et si vous portiez moustaches. deux choses qu'il a plus en horreur que toutes

les impiétés du monde. Quand je lui ai dit que vous étiez sagement rasé et que vous n'apportiez jamais après vous aucun parfum de tabac, elle me montra un naïf étonnement. Qu'a-t-il donc alors, ce jeune homme, pour que mon mari lui en veuille de cette façon? il avoue lui-même qu'il ne le connaît pas; c'est peut-être à cause du lycée: pourtant M. le proviseur et M. Banoud sont assez bien. Le proviseur est membre de la conférence et il fait chez lui des quêtes pour nos pauvres. Il faut qu'il y ait un autre raison, mais je ne la devine pas : vous savez que mon mari est un homme sérieux, qui ne dit jamais que la moitié de ce qu'il pense et qui n'agit qu'à bon escient; cependant, sans l'abbé Benoist, aidé de M. l'aumônier et des bonnes sœurs de Sainte-Marie, je ne sais trop s'il eût réussi à rompre ce mariage : madame Tillières semblait y tenir par certains endroits faibles ; elle n'est réellement pas si bonne catholique que nous l'aurions cru...

— D'après tout ce que vous me dites-là, madame, repris-je assez vivement, Banoud, Benoist et compagnie mériteraient bien une verte leçon, et je sais un homme tout prêt à la leur donner...

— Oh? ne vous emportez pas ! supposons que je n'aie rien dit...

— Si, si, parlez, je vous en prie....

— Alors promettez-moi d'être calme, car je ne veux point vous inspirer des pensées de haine et de vengeance... Je vous dirai donc, puisque vous tenez à le savoir, que M. Ranoud, afin d'expliquer la conduite de madame Tillières et de justifier les bonnes sœurs, que tout le monde n'approuve pas, s'en va vous décriant tout bas et tout doucement, avec une foule de petites insinuations malveillantes, qui vous égorgent une réputation sans même qu'on puisse dire que l'on ait tiré contre elle le moindre stylet. Ce sont de ces atteintes que nul ne peut parer, parce que, à proprement parler, elles n'en sont pas... Des *hélas!* mystérieux... des *que voulez-vous?*... Un jeune homme qui vient de deux cents lieues... Il se découvre bien des choses... Quand Dieu ne veut pas, il sait mettre des entraves... Il était jeune, ce monsieur... un peu étourdi... L'affaire des Marigny... Enfin, mademoiselle Tillières s'est prononcée elle-même : elle ne veut pas épouser un homme qui ne fait point ses pâques, et elle a grandement raison : elle est appelée à mieux que cela... Je n'y suis pour rien après tout ; cependant je suis heureux que cette belle âme ait échappé au danger qui la menaçait. Le père est un peu vexé: ces messieurs de l'Université se soutiennent entre eux... une vraie franc-maçonnerie, qui a fait son temps, mais qui tient encore... — Voilà ce que ce bon M. Banoud dit à tout le monde.

Il y a deux ou trois jours, je me donnai le malin plaisir de lui lancer quelques mots à ce sujet : Savez-vous, monsieur Banoud, que l'on vous mêle beaucoup à l'histoire du mariage Tillières... — Moi? et il souriait en dedans : — Mais oui, vous, saint homme, on vous attribue la pieuse invention de cette retraite qui a tout changé : vous allez acquérir une redoutable réputation parmi nos jeunes gens : ils trembleront de vous trouver sur leurs pas. — Madame, je ne fais trembler que les impies et je le tiens à honneur ; ils me trouveront toujours sur la brèche, prêt à les combattre et à les exterminer, si je peux. — Ce pauvre M. Fabrigue doit être désolé, il aimait beaucoup mademoiselle Marie. — Sans doute, il l'aimait, mais c'était d'un amour charnel que le sentiment chrétien n'épurait point, et puis... Mais je ne veux rien dire... Ce monsieur s'en va, à ce qu'il paraît, il ne peut mieux faire...

Malheureusement mon mari se trouvait là, il coupa le fil de notre conversation en priant M. Banoud de lui dire ce qu'il entendait par amour charnel et par amour chrétien, et ces deux messieurs, l'un de bonne foi, l'autre dans des intentions de persifflage et de plaisanterie, se livrèrent à une dissertation si singulière que j'eus envie de me boucher les oreilles ; mais la curiosité l'emporta sur la pudeur... Il est en vérité bien curieux, ce M. Banoud avec son amour charnel.

Il me serait assez difficile de vous exprimer ce que j'éprouvais en écoutant tout ce verbiage féminin, débité sans conséquence, et qui m'atteignait au cœur. Je dissimulai de mon mieux. J'étais bien résolu à ne pas quitter C..., sans rendre visite à M. Banoud. Tout le monde connaissait la haine qu'il me portait, ce qu'il avait ourdi pour me renverser; personne ne m'en donnait le vrai motif. Je ne pouvais pas croire que le seul fait de son livre l'eût ainsi animé contre moi.

Madame Delion, voyant que je ne lui répondais pas, pensif et attristé que j'étais, se mit à continuer son bavardage : Voyez-vous, reprit-elle, mon pauvre monsieur Fabrigue, on ne vous reproche sérieusement qu'une chose, c'est de n'avoir pas assez tenu compte de l'esprit de notre pays. Pourquoi avez-vous ainsi frondé l'opinion? Pourquoi n'avez-vous pas agi comme tout le monde? Était-ce donc si difficile de vous présenter chez les sœurs, chez le confesseur, de vous soumettre aux exigences du moment, sauf ensuite à ne rien tenir. Avec cela on vous eût porté aux nues. et vous auriez trouvé un appui formidable là ou vous avez rencontré une opposition systématique.

— Madame, je n'ai pas l'habitude de l'hypocrisie, et il m'eût été difficile de jouer le triste rôle que vous m'indiquez.

— Allons donc, c'est de bonne guerre, mon cher; ces ruses-là ne trompent personne; elles satisfont les amours-propres, et c'est tout. Croyez-vous bonnement que nos prêtres prennent au sérieux ces démonstrations?

— Alors, pourquoi les exiger?...

— Que vous êtes donc enfant! on exige des soumissions, parce que l'on veut sembler maîtres et gouvernants, tant au spirituel qu'au temporel... On tient cent fois plus à la forme qu'au fond. Tenez, je vous jure que si vous étiez venu me trouver dès le principe, je vous aurais si bien dirigé, qu'aujourd'hui votre mariage serait accompli; à votre place, je ne sais trop si même à présent je me retirerais...

— Je vous suis obligé de votre bonne volonté. Madame, maintenant, il est trop tard...

Je m'en allai fort irrité.

Au lieu de partir le soir, je rentrai chez moi, je défis ma malle; j'avais envie de courir tout de suite chercher l'explication que je voulais avoir avec Banoud.

Un sentiment de prudence me fit attendre au lendemain, je laissai le soleil se coucher sur ma colère.

Toute la matinée je réfléchis à la démarche que j'allais faire. Je méditai et retournai dans mon esprit les paroles dont je comptais me servir, j'arrangeais mais phrases... Pauvre fou que j'étais ! je croyais rester assez maître de moi-même pour m'arrêter aux limites de la modération ; et cependant je sentais mon sang méridional bouillonner dans mes veines, rien qu'à la pensée de l'homme en face de qui j'allais me trouver tout à l'heure.

Je traversai une partie de la ville pour me rendre chez l'illustre personnage, et j'eus la chance d'être rencontré et même abordé par plusieurs connaissances... Tiens ! l'on vous croyait parti.— Non je ne pars que demain... — Un autre me dit : Est-ce que votre mariage est raccommodé ? — Du tout. — Et où allez-vous donc ainsi en toilette de visite ? — J'ai affaire.

Dans mon cœur j'injuriais et je souffletais tous ces importuns, mais il fallait se contenir.

J'arrivai pourtant au seuil de cette maison maudite; un frisson involontaire me fit tressaillir, lorsque je soulevai le marteau. J'attendis quelques minutes, une servante malpropre, coiffée comme une béguine, vint m'ouvrir, et, jetant sur moi un regard sournois, elle me dit : C'est pour monsieur. — Oui, pour monsieur, est-il visible ? — Monsieur est à son cabinet. Votre nom, s'il vous plait?

Je suivis cette fille, vraie miss Souillon dans la force du terme. Elle avait retroussé un coin de son tablier sale et marchait devant moi d'un air solennel et confit. Je ne sais pourquoi ces détails me frappèrent et pourquoi je me les rappelle encore, ainsi qu'un escalier poudreux et le paillasson déchiré du vestibule.

Nous montâmes au second. Un corridor encombré de pierres, de livres, de toute sorte de fatras, et mal éclairé, précédait et annonçait le cabinet du savant. Je le vis de loin traverser l'appartement; averti par le bruit de nos pas, il allait prendre une pose. A peine eut-il le temps de s'asseoir devant un grand bureau et de s'emparer d'un objet quelconque sur lequel il affectait de porter un regard attentif.

Ce n'était certainement pas moi qu'il attendait et, lorsque la servante déclina mon nom, il perdit beaucoup de sa gravité. Il se leva à demi, me regardant par-dessus ses lunettes et, m'indiquant du geste un vieux fauteuil placé auprès de son bureau, il essaya de se remettre et de dominer le premier mouvement de surprise. Il tenait une pierre et la grattait avec un petit canif... Un moment, me dit-il, vous permettez, monsieur... — Il prit une loupe, retourna cette pierre sur toutes les faces, la considérant avec une scrupuleuse attention, jetant de temps à autre les yeux sur un vieux bouquin tout grand ouvert à côté de lui.

Pendant cette contemplation scientifique, qui n'était qu'une ridicule comédie, j'eus le temps d'examiner un peu le lieu où je me trouvais.

Sur une petite table qui touchait presque au fauteuil, il y avait une bible hébreuse, ouverte, bien entendu ; une grammaire ou un dictionnaire, je ne sais plus lequel, était jeté comme au hasard sur l'in-folio. Sur la cheminée, au milieu de pétrifications, de fossiles et de coquillages, quelques vases de terre commune étaient remplis de fleurs sauvages plus ou moins fanées. Un des côtés de la chambre était occupé par une bibliothèque mal rangée. Sur les planches inférieures on voyait les cases d'un herbier. D'autres rayons étaient couverts de pierres de toutes formes et de toutes dimensions, auxquelles se mêlaient quelques cornues ; dans la cheminée, un petit fourneau surmonté d'un alambic en mauvais état. Enfin, un Christ, plus remarquable par ses proportions, que par la délicatesse du travail, était appendu au-dessus de cette cheminée. Sur un meuble auprès de la fenêtre gisaient tristement une centaine de volumes du fameux livre. La couverture rose commençait à se ternir, les acheteurs ne se présentaient guère. M. Banoud, n'ayant pu trouver d'éditeur, s'était fait imprimer à ses frais et plaçait lui-même son livre.

La vue de cette malheureuse brochure me mettait en colère, et le silence assez impoli de son auteur n'était guère de nature à me calmer.

Après un demi-quart d'heure, l'épicier transformé en érudit me demanda d'une voix mielleuse ce que je désirais, et si je venais pour voir son cabinet.

— Monsieur, répondis-je sèchement, en m'entendant annoncer, vous avez dû deviner un peu le sujet de ma visite...

— Monsieur, je n'ai pas entendu votre nom...

— Adrien Fabrigue, professeur de mathématiques au lycée.

Sans doute ma voix n'était ni douce ni mielleuse en prononçant ces mots, car M. Banoud me regarda une seconde fois et m'examina les mains, comme s'il eût craint que je n'eusse quelque arme à ma disposition.

— Alors, monsieur, je vous demanderai de nouveau ce que vous me voulez : je n'ai pas l'honneur de vous connaître.

— C'est moi, monsieur, qui ai fait un rapport sur votre excellente brochure, dont voici, si je ne me trompe, quelques exemplaires ; mon nom ne saurait vous être inconnu.

— Il se peut... Oui, je crois effectivement avoir entendu prononcer une ou deux fois ce nom-là...

—Rien que cela, monsieur ? vous vous trompez assurément, mon nom doit vous être beaucoup plus familier, surtout depuis ces derniers temps, où vous m'avez fait l'honneur de vous occuper de moi, un peu trop peut-être.

Monsieur Banoud me regarda plus attentivement les mains, et sa physionomie doucereuse se rembrunit tout-à-fait.

— J'ignore, monsieur, continuai-je, quel sujet d'animosité vous pouvez avoir contre moi ; mais ce que je sais bien, c'est que vous venez de me nuire de la plus cruelle façon. Veuillez donc me faire connaître en quoi j'ai eu le malheur de vous déplaire.

—Monsieur... monsieur... je ne sais ce que vous voulez dire ; je vous le répète : je ne vous connais point.

— Alors ce serait de la méchanceté gratuite ; je vous avoue que c'est une noirceur à laquelle j'ai peine à croire, bien que je sache qu'il existe des natures mauvaises, qui aiment à faire le mal, sans autre profit que de voir souffrir.

— Monsieur, ces bas sentiments ne sont point le fait d'un chrétien, et je suis un chrétien, moi, un catholique dévoué, un humble serviteur de Dieu. Que me voulez-vous donc ? je vous le demande pour la troisième fois.

— Écoutez, monsieur, si vous êtes un chrétien, moi je suis tout simplement un honnête homme, et je ne prends point la trompette pour entonner le panégyrique de mes vertus. Je vais seulement vous parler avec franchise : Il y a six mois, je sollicitai l'honneur de faire partie de la conférence de saint Vincent-de-Paul, vous vous y êtes opposé de tout votre pouvoir, laissant même entendre que vous saviez sur moi des choses particulières que votre *charité* ne vous permettait pas de divulguer, disiez-vous... Quelles étaient ces choses ? Je viens faire appel à votre loyauté et vous prier de me les faire connaître...

— Je n'ai rien dit de semblable... Je ne sais pas même si je vous ai été opposé ou non ; dans tous les cas, j'ai obéi à ma conscience, et je n'ai de compte à rendre à qui que ce soit, entendez-vous, monsieur.

— Permettez-moi de vous dire que votre amour-propre froissé a considérablement aveuglé votre conscience ce jour-là. L'an passé, vous avez publié un ouvrage, une brochure, qui réellement ne vaut pas grand'chose; puisque je vous ai promis d'être franc, je ne puis pas parler autrement. Vos collègues de la Société m'ont chargé d'examiner le susdit ouvrage. Dieu sait si je l'ai traité avec indulgence. Je ne pouvais pas dire pourtant que c'était un chef-d'œuvre... Je sais que vous avez été mécontent, que vous m'avez accusé d'avoir attaqué la religion, d'avoir ébranlé le siége apostolique, parce que je me suis avisé d'émailler de quelques réflexions polies les louanges banales que je vous donnais. Est-ce que ce ne serait point là tout bonnement ce que vous appelez votre conscience?...

Monsieur Banoud ne répondit rien ; il continuait à gratter sa pierre avec une affectation d'indifférence, ce qui ne l'empêchait point de surveiller tous mes mouvements. Son visage s'empourpra subitement, lorsque je parlai de son livre.

— Je continue, monsieur, puisqu'il ne vous plait pas de me répondre. Vous dites que vous ne me connaissez pas ; comment se fait-il alors que vous vous soyez acharné contre moi au point que votre malveillance a surpris et même scandalisé certains ecclésiastiques...

— Les prêtres, monsieur, des ministres de Dieu ! pesez un peu vos paroles, je vous prie. Je puis souffrir vos injures, je ne suis qu'un laïque ; mais toucher aux représentants de Notre-Seigneur sur la terre...

— Oh ? ils ne se gênent pas tant lorsqu'il est question de vous, je vous assure. Mais ne déplaçons point la discussion. Donc après avoir réussi à m'écarter de la conférence, je croyais que vous deviez vous trouver suffisamment vengé de la médiocre admiration que m'avait inspirée votre livre. J'étais dans une position exceptionelle en ce moment-là ; vous le savez bien, monsieur. Admis dans une estimable famille, près de conclure un mariage que je poursuivais de tous mes vœux, vous êtes venu tout à coup vous interposer par vos calomnies et vos sourdes menées. Oh ! ne niez pas, monsieur, je suis parfaitement au courant. La seule chose que j'ignore aujourd'hui, ce dont je veux savoir la raison, c'est le motif qui vous a poussé contre moi. On ne calomnie pas ainsi impunément un homme qui ne nous a rien fait, on ne le détruit pas pièce à pièce par des insinuations perfides, pour le seul plaisir de mal faire... Songez-y, je suis venu ici pour avoir une explication, et je n'en sortirai qu'autant que vous m'aurez pleinement satisfait.

— Est-ce que vous me menaceriez par hasard ? dit

Banoud d'une voix émue, et en jetant sur la porte un regard inquiet.

— Non, je ne menace pas ; mais il me faut la vérité, il me la faut pleine et entière, sans réticences et sans ambiguités. Pourquoi avez-vous traversé mon mariage?... Qu'avez vous à me reprocher ? que veulent dire ces phrases insidieuses que vous colportez de tous côtés et qui atteignent cruellement mon honneur ? Si vous avez été induit en erreur, dites-le moi de bonne foi: je suis prêt à vous fournir tous les renseignements nécessaires. Parlez donc, monsieur; quelles sont ces choses mystérieuses, ces mauvaises actions indécises que vous mettez sans cesse en avant ? Suis-je un libertin, un malhonnête homme? ai-je nui à mon prochain par des calomnies ou d'odieuses diffamations ? Je suis venu de deux cents lieues, c'est vrai ; mais est-il donc difficile, par l'entremise de cette association que vous présidez ici, de vous édifier sur mon passé ?

— Faites-vous vos pâques, monsieur, me dit Banaud, d'un air sournois et patelin à revolter un homme de sang-froid ? voilà le seul renseignement qui ait quelque poids à mes yeux, la vraie pierre de touche de toute vertu et de tout mérite.

— Et, partant de cette ligne de démarcation, repris-je vivement, il vous semble juste, il vous semble permis de diffamer tous ceux qui, selon votre langage, ne pratiquent pas?

— Je ne diffame personne; démasquer les impies, ce n'est pas diffamer, c'est rendre hommage à la vérité.

— Brisons là, monsieur, je suis un impie d'après votre manière de voir et vous avez cru me démasquer : voilà qui est parfaitement clair; maintenant, comme tout homme insulté a droit à une réparation, je vous la demande, telle qu'il vous plaira de me l'acorder.

— Je crois que vous êtes fou!.. une réparation!... Qu'est-ce que cela veut dire? Et pour quoi faire, s'il vous plait ?...

— Vous osez m'adresser cette question? après une longue série d'insultes et de basses intrigues, qui se terminent par la rupture de mon mariage, qui me séparent d'une jeune fille que j'aime, qui brisent mon bonheur, qui tuent ma réputation et mon avenir... pourquoi faire, une réparation?...

— Monsieur, moi qui vous parle, je suis accoutumé aux injures, aux calomnies ; j'en reçois de tous les côtés; les ministres de mon Dieu eux-mêmes ne m'épargnent pas; au moins c'est vous qui venez de me le dire... Je ne demande point de réparations, moi... Je me prosterne humblement devant la main qui me frappe et je la baise volontiers.

— Excepté quand on manque d'égards pour les élucubrations de votre esprit... Si vous ne demandez point de réparations, vous : vous vous vengez, cela vaut mieux.

— Vous êtes un cuistre et un insolent, me dit Banoud avec un emportement subit. Que venez-vous faire chez moi? Allez vous promener, mon cher monsieur, avec vos réparations. Ce que j'ai dit, si j'ai dit quelque chose, je l'ai dit parce que je le devais en conscience. Je ne me suis pas mêlé de vos affaires : est-ce qu'elles me regardent ?

Il se leva pour se diriger du côté de la porte. Je me trouvai entre lui et cette porte.

— Non pas, lui dis-je, monsieur ; après l'insulte que vous venez de me jeter à la face, on ne se quitte pas ainsi. Il y a un moyen de s'arranger entre gens comme il faut : nous nous battrons, s'il vous plaît.

Si j'avais été en état de rire, la figure verte de Banoud, son regard effaré, sa voix chevrotante m'auraient fait éclater... Me battre !... moi ! disait-il, un chrétien, un homme qui communie tous les dimanches !... oh Dieu !... mon Dieu !...

— Oui, repris-je, oui, lâche hypocrite, calomniateur effronté, oui, nous nous battrons et je saurai bien vous y forcer. Ce n'est pas tout que de se mettre commodément à l'abri derrière les scrupules religieux, pour, de là, lancer sur tout le monde sans crainte les traits empoisonnés d'une langue venimeuse;.. oui, nous nous battrons, et ce soir je vous enverrai mes témoins, ou, si vous aimez mieux, une invitation à comparaître devant les tribunaux. J'ai pris mes précautions et je vous tiens à mon tour. Ainsi voilà votre dernier mot ; vous ne voulez pas préciser les faits dont vous m'accusez?...

— Est-ce que je peux rien préciser? je ne sais rien sur vous,.. mais rien du tout, je vous assure.

— Vous êtes donc encore plus méchant et plus infâme que je ne pensais... Alors qu'est-ce que cela vous faisait que j'épousasse mademoiselle Tillières?

— Je n'en ai pas empêché, moi ; croyez-vous qu'un homme comme moi, un homme sérieux, un homme d'études enfin, qui vit au milieu de ses livres et de ses collections, s'amuse aux amourettes d'une petite fille et d'un universitaire? J'ai, Dieu merci ! l'esprit trop élevé pour m'occuper de pareilles misères.

— Voilà qui est par trop insolent, mon cher monsieur! j'ai en main de quoi vous faire un bon petit procès, et je vous le ferai, à moins que vous n'aimiez mieux vous battre en duel... Voyons, choisissez, je n'ai jamais vu un drôle composé de plus de platitude et d'impertinence que vous. Au moins, croyez bien que vous n'en imposez à personne. Tout le monde connaît la creuse vanité de votre prétendue science, votre hypocricie, votre dangereuse méchanceté... Il en est qui vous craignent, d'autres qui rient de vous ; veuillez croire qu'au terme où j'en suis, je fais partie de ces derniers. A ce soir donc, monsieur le saint homme ! nous verrons ce que vous répondrez à mes témoins.

— Je leur répondrai que vous êtes un gueux, qui venez chez moi pour m'assassiner.

En même temps il s'élança vers la porte, me repoussa brusquement, et descendit l'escalier, en criant : Au secours ! au meurtre ! à l'assassin !

Je demeurai confondu au milieu de l'appartement, ne sachant trop quel parti prendre. Devais-je rester là ou sortir aussi ?... L'idée qu'il pourrait m'accuser de l'avoir volé trancha mon indécision, et je descendis presque sur les pas de cet indigne coquin.

Madame Banoud et la servante jetaient les hauts cris et voulaient appeler les voisins. Le jeune Banoud les en empêcha et vint tranquillement à ma rencontre. Il m'avait reconnu en entrant. J'étais assez lié avec le professeur de physique du séminaire, et j'allais quelque fois causer une heure chez lui. Le séminariste connaissait son père, à ce qu'il paraît, car il ne semblait nullement ému de cette scène tragique.

— Il y a quelque malentendu entre mon père et vous, monsieur Fabrigue, me dit le jeune homme: sans doute vous n'avez pas voulu lui faire du mal.

— Oh! non, je vous le jure sur l'honneur ! j'étais en droit d'exiger quelque chose de monsieur Banoud: il m'a répondu par des injures... Moi-même, j'ai été peu poli, je l'avoue;.. mais aucune voie de fait, croyez-le... Au surplus, voici mon adresse, et je suis tout prêt à répondre à ses ridicules accusations, s'il lui plaît de les porter plus loin.

Je remis ma carte au jeune abbé et je m'éloignai; pendant ce temps-là, Banoud, entre les mains des femmes, simulait une attaque de nerfs.

J'attendis tout le soir et le lendemain encore. J'étais un peu inquiet des suites de cette belle aventure et je me donnais mille malédictions pour l'avoir tentée. Que n'étais-je donc parti, mon Dieu!... A quoi tout cela pouvait-il aboutir? A rien. Je restai quelques jours enfermé et comme caché dans mon petit appartement. J'avais trop d'amour-propre pour me résigner à fuir en quelque sorte devant cet odieux Banoud, qui ne manquerait pas de triompher de mon départ.

Je ne puis vous dire en quel état j'étais : sombre, agité, ennuyé dans cette chambre en désordre, repassant avec rage tous les mots de notre étrange conversation, mortellement blessé sans même pouvoir poser sur cette blessure un petit espoir de vengeance en guise de topique : car que faire contre un Banoud ? A moins de le guetter un soir et de régaler ses dévotes épaules d'une volée de coups de cannes, je ne sache pas de quelle façon j'aurais pu l'atteindre. Divulguer sa noirceur ?.. Est-ce qu'on ne le connaissait pas ?... son ignorance ?.. toute la ville en riait et s'en amusait..; l'attaquer devant les tribunaux ?... avec quoi ? je n'avais pas de preuves suffisantes. Et puis allez donc vous défendre, quand on vous a noirci par des paroles vagues, des soupirs onctueux et significatifs,.. quand on ne dit rien de vous, mais qu'on laisse tout soupçonner.

Malheur sur moi ! j'étais aux mains de Tartufe, et je n'avais point d'Elmire pour lui enlever son masque.

Cependant ma douce fiancée était perdue pour moi. Je quittais une place agréable et dans le plus beau pays de France, sans savoir où je serais envoyé, et pour m'achever, j'allais emporter une réputation de violence qui pouvait nuire à ma considération.

Que de chagrins par le fait d'un seul homme, bêtement froissé dans sa vanité de pédant.

C'est pourtant là toute la vie, soit que l'on considère les individus dans leur étroite personnalité, soit qu'élargissant le cercle, on porte son regard sur les nations elles-mêmes. Petites causes, grands effets.

Pauvre et douce Marie, malgré son injustice envers moi, malgré le peu de caractère et d'attachement qu'elle avait montré, comme je souffrais à m'éloigner d'elle! Que deviendrait-elle? à quel Banoud était-elle destinée? En quelles mains tomberait cette fleur délicate, qui semblait si peu faite pour les rigueurs et les austérités de la haute dévotion?...

Lassé d'attendre et n'entendant point parler du terrible président, fatigué de ma position indécise, pressé par le temps,—les vacances touchaient à leur fin,—je pris le chemin de mon pauvre et cher pays. Ce n'était pas ainsi, seul et attristé, que je comptais y retourner !

III

L'agitation du voyage me fut salutaire, et j'arrivai dans ma famille, dans une disposition d'esprit beaucoup plus calme. Il est toujours si consolant de revoir son pays, si doux de se rasseoir au foyer qui abrita notre enfance, surtout lorsque la meilleure part de notre vie s'écoule au loin, entre les ennuis de la chambre garnie et de la pension bourgeoise.

Ma bonne vieille tante, mon refuge habituel, était une vraie mère pour moi; je n'en avais point connu d'autre, et je ne crois pas que jamais fils fût plus tendrement chéri que je l'étais par cette brave fille. Elle ne connaissait mes peines et mes déceptions qu'un peu en gros : je les lui racontai en détail ; elle les comprit, elle les partagea avec une délicatesse qui venait de son cœur. Elle s'efforça de me distraire et de me consoler.

Je m'attendais à un sermon de sa part, car elle était fort dévote, mais je fus bien surpris, lorsque je la vis se mettre résolûment de mon côté. Quand tu m'as écrit, me dit-elle, mon pauvre Adrien, je devinais une partie de tes mécomptes : la bigoterie et les hésitations de la mère, son entourage, la faiblesse impardonnable du père, la timidité de la jeune fille, dirigée par des sœurs, ses anciennes maitresses : j'avais embrassé tout cela d'un coup-d'œil, et je me suis dit : C'est un mariage qui ne se fera jamais. C'eût été un grand bonheur pour moi de te voir marié, avant de te dire un dernier adieu; et, sans la connaitre, j'aimais déjà cette belle enfant qui devait te rendre heureux; nous avons fait un rêve, mon ami, il faut se réveiller et se montrer au-dessus de la mauvaise fortune présente... Plus tard, tu te marieras, mais je n'y serai plus.

— Me marier, oh! ne le croyez pas, ma bonne amie : j'y ai renoncé pour toujours; je vieillirai, comme vous, seul, puisque le sort le veut ainsi. Je n'aurai pas même un neveu à aimer, à gâter...

— Idées noires que tout cela et qui passeront, Dieu merci! mais il faut laisser faire le temps... Ce que je regrette le plus, mon pauvre garçon, ce sont les animosités que tu as soulevées là-bas. Méchant fardeau qu'une haine de prêtre ou de dévot !

— Que dites-vous là, ma tante ? est-ce que vous seriez voltairienne par hasard ?..

— Voltairienne ! oh ! que non, j'aime le bon Dieu de tout mon cœur, je crois en lui et je voudrais le servir mieux s'il m'était possible... Cela ne m'empêche pas de voir clair autour de moi. Notre curé est un saint homme ; j'aimerais mieux pourtant me casser une jambe que de le sentir courroucé contre moi... Vois-tu, tout le clergé se tient, et c'est une vraie meute que l'on met à ses trousses, dès qu'on froisse un de ses membres ; et quand je parle du clergé, note bien que j'entends aussi parler de la société de saint Vincent-de-Paul, redoutable association qui s'étend sur le monde entier et qui se porte solidaire pour le clergé, à charge de revanche, et de toutes les associations dévotes possibles, quels que soient leur nom et leur but ostensible. Notre petite ville est envahie, dépassée par ces confréries et sociétés charitables, adroites à s'emparer de toutes les ressources de l'aumône privée. Malheur au pauvre, fier et un peu indépendant, qui ne sait ni flatter ni prier !.. on le met sans pitié à l'index. Dans telle famille hypocrite, les charités abondent ; il y a gaspillage... Dans telle autre on souffre, on meurt littéralement de faim... Pourquoi cette malheureuse différence? c'est que la famille délaissée à déplu à certaine association, ou seulement à la sœur dispensatrice des dons du bureau de bienfaisance; ce mauvais vouloir, mérité ou non, entraîne la réprobation de toute la coterie; moi qui te parles, j'ai vu des choses atroces en ce genre... Que veux-tu que deviennent ces pauvres diables ainsi mis au ban des aumôniers de profession? que faire? à qui tendre la main?... Les bourses particulières sont épuisées... Les indifférents qui donnaient au hasard, sans parti pris, quelquefois par caprice ou par un subit mouvement de pitié, ceux-là sont si bien saignés par les quêtes, les loteries, les importunités, qu'ils sont obligés de fermer leur porte à la misère non enregimentée. J'aimais cent fois mieux la liberté de l'aumône, l'imprévu de la charité, que tous ces agencements d'aujourd'hui qui ressemblent à des entreprises commerciales... Que résulte-t-il de tout cela? le pauvre devient plus fourbe et partant plus haineux; il est loin d'être meilleur. Enfin, s'il faut absolument que la charité se pratique ainsi, je suis d'avis qu'il serait encore préférable que ce fût le gouvernement, l'État, comme ils disent, qui s'en charge.

— Ma bonne chère tante, à quoi pensez-vous?

vous raisonnez de façon à vous faire dix mille ennemis pour un dans ce clergé que vous craignez tant.

— Je cause pour toi et avec toi, mon ami. De nos jours, je vois la religion prendre des allures qui me font de la peine, je la vois abriter de son saint nom des actions entachées de la plus noire injustice. J'ai toujours peu estimé les associations et congrégations, mais ce qu'on t'a fait ma vivement blessée... te repousser pour plaire à un président de cette espèce!.. tous les dévots contre toi!.. m'enlever une jolie nièce que j'aurais embrassée de si bon cœur. Je te donne ma parole que désormais je ne prendrai pas un seul de leurs billets de loterie, et, pour les faire enrager, je ferai entrer des ouvriers à la société des secours mutuels... C'est cela qui les vexe. Tout est administratif là-dedans, il n'y a ni confrères, ni consœurs.

Je ne reconnaissais plus ma tante : elle me prêchait la modération à la façon de la belle dame qui m'avait inspiré la malheureuse idée de ma visite à Banoud.

Dès que mon oncle apprit mon arrivée, il revint aussitôt de la campagne où il passait l'été. Il fut bien loin d'avoir la même indulgence que sa sœur.

C'était un vieux garçon opiniâtre et mélancolique,

livré à la dévotion la plus outrée, et lancé dans toutes les associations possibles. On l'entourait beaucoup, il avait sept à huit mille francs de rente. Il habitait une maison contiguë à celle de ma tante, mais il vivait dans son ménage ; ils se voyaient tous les jours et se disputaient souvent, leurs caractères était aussi disparates que leurs personnes quoiqu'ils fussent frère et sœur.

Mon oncle était grand, pâle, maigre ; ses joues creuses et son teint basané, son attitude militaire pleine de raideur et de cérémonieuse politesse, en faisaient le type achevé du héros de Cervantes. Comme lui, il aimait à faire de longues morales, qui ressemblaient à des sermons, et qui m'ennuyaient bien, quand j'étais enfant.

Ma tante, au contraire, était très-petite, grasse et potelée, blonde autrefois. Elle avait les yeux d'un bleu pâle et le teint d'une éclatante blancheur. Elle était vive, gaie, bienveillante et surtout elle m'adorait, me gâtait et ne pouvait admettre que l'on ne partageât pas à mon endroit toutes ses illusions maternelles.

Dès le premier diner que nous fîmes en commun, une grosse querelle s'éleva sur mon compte. Mon oncle me blâmait avec modération et douceur, mais ma tante voulait que l'on m'approuvât sans restriction : et elle recommença ses invectives contre les associations, qu'elle appelait des coupe-gorge, des sociétés secrètes, des piéges pour les niais, etc., etc... Oui, disait-elle, c'est la même chose ici, un jeune homme ne saurait se marier sans passer à l'examen de ces maudites coteries : comme si l'on ne pouvait être honnête homme et même bon chrétien sans être affilié à leurs rubriques. Croyez-vous, mon frère, que je ne voie pas la ficelle de tout ceci; on veut ramener et ressusciter le jésuitisme en France et nous placer sous sa férule, et, à mon avis, le jésuitisme n'est point le christianisme, tant s'en faut...

— Ma sœur, c'est votre journal qui vous corrompt; vous devriez avoir honte de lire une pareille feuille...

— Et le vôtre, mon ami, vous tourne la tête, il vous rendra hérétique.

— Marcelle, vous êtes une janséniste ; il y a longtemps que je m'en aperçois...

— Et vous un ultramontain, plus romain, bien sûr, que notre Saint-Père lui-même.

Tel était le fond de la querelle, qui avait échappé à mes préoccupations de jeune homme, et cela entrait bien pour quelque chose dans l'accueil différent que l'on m'avait fait.

Un autre ordre de considérations animait encore ma bonne tante ; il portait sur la crainte, trop bien fondée, que l'on ne détournât, au profit d'une œuvre religieuse quelle qu'elle fût, l'héritage de son frère ; non pas qu'elle y attachât pour elle la moindre importance : son petit patrimoine lui suffisait amplement ; elle faisait même des économies. Toutes ses inquiétudes là-dessus prenaient leur source dans sa tendresse pour moi.

Il y avait de quoi s'alarmer en effet : mon oncle, autrefois fort à l'aise et assez généreux, se trouvait maintenant gêné, au point qu'il avait déclaré à sa sœur qu'il ne pouvait venir à mon mariage, à moins qu'elle ne lui prêtât de l'argent. Ses travaux à la campagne étaient suspendus; les ouvriers n'obtenaient qu'à grand'peine des sommes minimes, des à comptes peu en rapport avec la totalité de la dette. Que devenait son argent? Marcelle n'en savait rien. Elle voyait sans cesse aller et venir chez lui des gens connus par leurs intrigues et leurs menées spoliatrices. Enfin on l'avait avertie que pendant son séjour à la campagne, deux religieux s'étaient établis chez mon oncle et que des voitures de provisions et de meubles les avaient accompagnés lors de leur départ.

Je m'efforçai de tranquilliser ma tante, lui démontrant que les contradictions et les scènes ne pourraient qu'envenimer la question, et qu'après tout son frère était libre de disposer de sa fortune comme bon lui semblait.

Ce n'était pas le compte de cette bonne fille. Le sentiment de la famille, du droit naturel, fortement enraciné chez elle, se révoltait à l'idée d'une exhérédation en faveur d'étrangers. — Si je savais, me disait-elle, que mon frère eût l'intention de te faire le moindre tort, je ne le recevrais jamais.

Elle cherchait par moment à se rassurer, dans d'autres elle s'exaspérait. Je voyais tout le fond de sa pensée, quoiqu'elle n'osât me l'exprimer nettement. Elle redoutait le parti que certaines gens sauraient tirer du fâcheux conflit où je venais de succomber; elle redoutait surtout la haine mystérieuse qui avait donné le branle à cette fâcheuse affaire.

J'avoue que j'étais fort insensible à tout cela. Je venais de subir une perte autrement douloureuse qu'un mécompte de fortune. Mon cœur, tout entier au souvenir de Marie, ne me permettait guère de m'occuper d'intérêts matériels.

Ma tante aurait voulu que je m'expliquasse davantage avec mon oncle. Elle trouvait que j'épargnais trop mes ennemis, qui ne tarderaient pas selon elle à devenir mes détracteurs et mes spoliateurs.

Les vacances étaient finies et je n'avais pas entendu parler de ma nouvelle destination. J'écrivis à mon ami; je comptais sur son influence, sur ses démarches actives. L'oubli où l'on semblait me laisser me surprenait et m'affligeait. Que voulait dire ce retard?... est-ce que les manœuvres de la coterie avaient quelque poids au ministère? Cependant, comme il arrivait chaque année que bon nombre de chaires restassent ainsi sans titulaire un mois et plus après la rentrée des classes, je tâchais de modérer mon impatience et mes inquiétudes : d'ailleurs ce surcroît de repos me devenait une sorte de bienfait; brisé moralement comme je l'étais, il m'en coûtait de reprendre le joug du travail.

A mesure que le temps s'écoulait, le visage de mon oncle s'assombrissait. Tous les jours, il venait de grand matin voir s'il m'était arrivé quelque nouvelle. Le facteur ne passait qu'à huit heures; dès sept heures et demie, le vieillard intrigué apparaissait chez sa sœur. — Qu'est-ce que cela vous fait donc! lui disait celle-ci avec humeur; est-ce qu'Adrien vous gêne par hasard? il semble que vous ayez peur qu'il ne nous reste. Oh! je le voudrais bien, moi, et, s'il voulait me croire, il demanderait une bonne année de congé. Demande-la, mon pauvre chéri, crois-en ta vieille tante, tu as besoin d'être dorloté et je te soignerai, je te câlinerai tout à mon aise ; tu ne me gêneras pas : il y a encore de bons vieux écus dans cette commode...

Mon oncle haussait les épaules : — Vous êtes de calibre à lui faire perdre sa place, répondait-il ; vraiment on dirait qu'il est millionnaire ainsi que vous.

— Si vous ne le déshéritez point, il ne sera pas pauvre, toujours.

Ces allusions embarrassaient évidemment le vieux garçon : il retournait chez lui, se mettait à sa fenêtre et guettait le passage du facteur. Quand il me voyait rentrer, au retour de quelque course, il accourait après moi. — Y a-t-il du nouveau dans le journal ?... Il me faisait invariablement cette question ; à ma réponse négative, il ajoutait quelques réflexions dans le genre de celles-ci :

— Mon Dieu, si on n'allait point te donner d'autre place, ce ne serait pas étonnant : tu ne t'es pas trop bien conduit là-bas. Il ne faudra pas recommencer au moins. Qu'avais-tu besoin de vouloir te marier ? On ne se marie point dans notre famille. Vois ta tante et moi. Ton père avait quarante-cinq ans, quand il lui prit fantaisie de faire une sottise, et ce fut pour ses péchés et les nôtres, car il mourut bientôt après ainsi que ta mère, et nous laissa un marmot à élever...

Je souriais.

— Tu es un bon garçon, allons, je ne veux pas te mortifier ; mais il faut travailler, il ne faut pas croupir dans la paresse...

Excellente morale dans la bouche d'un homme qui n'avait jamais rien fait, et qu'un héritage, dont ma tante et moi devions partager le bénéfice, avait enrichi à notre détriment.

Le mois d'octobre s'écoula. Mon oncle ne pouvait plus se contenir : Ta position est perdue pour le coup, répétait-il sans cesse ; quel malheureux état tu as pris là ! si tu m'avais cru, tu serais *apothicaire* aujourd'hui ; on ne dépend de personne, et il y a toujours des malades ; ajoutez qu'on ne gagne pas mal d'argent. Mais non, tu as voulu faire du monsieur et du savant, tu voulais tâter de ce misérable Paris ; sans compter que tu fais un vilain métier qui rase de près la damnation ; car il paraît que vous enseignez des horreurs dans vos écoles du gouvernement. Si j'étais toi, je partirais pour Paris, je voudrais voir par moi-même : si on t'a oublié, tu leur rafraîchirais la mémoire.

— Soyez tranquille, j'ai quelqu'un qui fait plus pour moi que tout ce que j'essaierais. Un de ces jours, ma nomination paraîtra, vous verrez.

— Tu crois?

— J'en suis si sûr que vous voyez bien que je ne me tourmente pas le moins du monde; tout ce que je craignais, c'était d'être obligé de retourner à C...

— C'est vrai, tu aurais honte, n'est-ce pas? après de si grandes sottises!...

— Ne parlons point de cela, mon pauvre oncle; je vous ai dit naïvement la vérité, pas un mot de plus ni de moins; si l'on vous a fait de mauvais contes, je ne puis vous empêcher d'y croire.

— Assurément non, on ne m'a rien dit, mon ami, oh! rien du tout; ne va pas t'imaginer qu'il me soit rien revenu de C...

Le pauvre bonhomme mentait, et le trouble de son visage, l'altération de sa voix, me le prouvaient jusqu'à l'évidence.

Un matin, il aperçut le facteur tenant une grande lettre; il fut plus tôt que lui à notre porte.

— Voyons ça vite, mon garçon, où t'envoie-t-on? presse-toi donc de me le dire.

— Ici, mon oncle, dis-je en riant...

Impossible de rendre sa profonde stupéfaction.

— On te laisse ici dans notre pauvre petit collége ! qu'elle terrible disgrâce !... Tu es un homme déconsidéré, perdu...

— Pourquoi? on me place auprès d'une famille que j'aime, sous le beau ciel de notre pays; c'est bien gentil, en vérité...

— Oui, mais le collége est un vilain trou ; il n'y a pas quarante pensionnaires, un traitement de rien du tout.., et pas de leçons particulières... Est-il possible qu'on te fourre là?

— Allons, lui dis-je, je vois bien que vous ne voulez point de moi : rassurez-vous, je m'en vais au lycée d'A... Ce n'est pas bien loin, une quarantaine de lieues... Outre les vacances, je viendrai vous voir à Pâques.

— Tant mieux, j'en suis bien aise, balbutia mon oncle, nous nous verrons plus souvent.

Cette phrase faillit l'étouffer; il la finit par une petite toux sèche, sous laquelle il essayait de dissimuler son mécompte.

La joie de ma tante Marcelle fut de bien meilleur aloi. Je n'avais jamais été si près d'eux depuis mon départ à l'École normale.

Il faudra venir souvent, me disait-elle ; je paierai tes voyages; tu m'apporteras tes effets; nous les raccommoderons avec Jeanne. Voilà une nouvelle qui me rajeunit de quinze ans. — Vous ne dites rien, vous, monsieur Fabrigue? — Elle s'adressait à son frère.—On dirait que vous êtes mécontent. Vous n'aimez plus votre neveu ; Dieu veuille que je ne devine pas la vraie cause de votre refroidissement ! Est-ce qu'il vous coûte quelque chose, le pauvre garçon? l'avez-vous seulement mené à votre campagne?... Non... Dieu me pardonne, vous ne lui avez pas même offert à dîner !.. vous devenez un vilain ladre, un égoïste et peut-être pire encore que cela.

— Je mangeais ici tous les jours avec lui.

— Je le sais bien, je le sais bien... Je n'ai pas la moitié de vos rentes, mon cher frère, et pourtant mon neveu ne me dérange pas ; je peux lui fourrer de temps à autre quelques pièces de cent sous dans ses poches, et vous en prêter à vous, si vous en avez besoin. C'est que moi, je n'aime que mon neveu, le fils de notre pauvre frère, et je ne vois que lui dans le monde,.. tandis que vous, monsieur mon frère, vous êtes dévoré par certains flatteurs de métier...

— Ma sœur, je vais m'en aller, si vous ne finissez point de me gronder.

— Non, déjeunez avec nous, et dites à Adrien que vous l'aimez bien, mais bien, entendez-vous? et du fond du cœur; ne gaspillez pas votre argent, afin qu'il trouve après nous de quoi se moquer un peu de son professorat. puisque vous prétendez que c'est une voie de damnation.

Le déjeuner fut gai. Mon changement me replaçait à peu près dans les mêmes conditions, et de plus je me retrouvais considérablement rapproché de notre pays où j'avais plus d'un intérêt, en y comprenant l'affection de ma bonne parenté.

Je ne vous ai point parlé de mon état moral pendant ces six à sept semaines de repos.

Ranimé d'abord par l'aspect de la terre natale, par les caresses et les consolations de ma tante, mon chagrin, un peu apaisé, ne tarda point à renaître : je souffrais cruellement. De longues excursions dans la montagne entretenaient ma mélancolie. En parcourant ces sites pittoresques et charmants, d'amers regrets répandaient leur tristesse sur une contrée que je revoyais chaque année, le cœur joyeux et plein des belles illusions d'une jeunesse heureuse.

J'en étais à mon premier amour et à mon premier chagrin.

Jusqu'alors rien n'avait ébranlé, ni dérangé le calme de mon existence.

Orphelin dès le plus bas âge, la bonne Marcelle m'avait adopté. choyé. entouré de soins qui tenaient de l'idolâtrie. A l'école et au collége, on me chargeait de récompenses, et je revenais toujours les bras pleins de livres et de couronnes. J'apprenais facilement, je comprenais de même. Le travail n'avait point d'épines pour moi, peut-être parce qu'il me coûtait peu, et j'avais traversé l'enfance exempt de toutes ces petites peines qui naissent de la paresse et de l'ineptie.

Plus tard, je choisis la profession qui me plaisait; je fus reçu bachelier et élève de l'École normale dès le premier examen.

La petite fortune que je tenais de mes parents, accumulée chaque année par ma tante, qui fournissait à tout, je ne sais trop comment, avait fini par s'élever à une somme assez forte. Je n'avais jamais connu ni les privations, ni les inquiétudes de la pauvreté. Je ne soupçonnais même pas ce que pouvait être la gêne, amplement pourvu de toutes choses par les soins de ma mère adoptive.

C'est bien lourd le premier chagrin, quand il atteint et fait tressaillir les fibres les plus délicates d'un cœur vierge encore de ses rudes émotions!

Si je souffrais au sein de ma famille, ce fut bien pis, quand je fus à mon poste.

Au moins pendant les vacances, je pouvais parler de mes ennuis à quelqu'un, me plaindre et verser dans une âme compatissante le trop plein de ma douleur ; je pouvais m'entretenir et de mes espérances et de mes déceptions...

Lorsque je me retrouvai seul, je voulus essayer du remède de Tillières ; je cherchai à m'étourdir par un travail soutenu et consciencieux ; j'espérais trouver dans l'étude une compensation à mon amour... Folie !.. erreur que tout cela ! J'étais trop jeune, malheureusement trop épris, pour avoir si bon marché du sentiment profond que ma faiblesse craignait d'étouffer, en même temps qu'il me semblait que je voulais guérir.

En partant de C., j'avais prié un de mes collègues de me tenir au courant de ce qui se passait. Je ne pouvais me résigner à n'entendre plus parler de mademoiselle Tillières ; enfin l'esclandre de Banoud ajoutait un nouveau mobile à ma curiosité.

Malgré ses promesses et mon insistance, M. Mornand ne s'était point pressé de m'écrire. Sa première lettre fut insignifiante. Il me disait n'avoir point entendu parler de la scène du cabinet, d'où il concluait que M. Banoud avait jugé à propos de se taire, et il me conseillait d'en faire autant. Quant aux dames Tillières, on ne les voyait nulle part. M. Tillières était, comme à l'ordinaire, un peu triste et songeur. Il évitait tout entretien qui eût rapport au mariage de sa fille, et il ne paraissait dans la cour qu'au moment précis de l'entrée en classe.

Nous nous étions quittés, Tillières et moi, avec un peu de froideur. Je lui en voulais de son extrême faiblesse, et surtout de la résignation qu'il avait montrée lors de mon départ. Je négligeai de lui écrire, quoique je le lui eusse vaguement promis ; à distance, je le jugeais plus sévèrement : il me semblait qu'il m'avait trop tôt abandonné...

Pauvre homme ! que pouvait-il donc faire en face de cette ligue d'intrigants qui nous débordait et nous écrasait ; pouvions-nous entrer en lutte avec les confesseurs, les religieuses, milice compacte et redoutable qui avaient enserré l'esprit de sa fille ?

Une fois engagé dans cette voie de silence à l'égard de mon ancien collègue, l'amour-propre m'empêcha d'écrire, bien que j'en eusse de fortes velléités.

Je revins à la charge auprès de Mornand. Il m'avait promis une seconde lettre dans un bref délai ; il ne me tenait point parole. Je le suppliai en termes pressants de ne pas m'abandonner ainsi à mes tristes conjectures ; je lui disais que l'incertitude me pesait plus que les réalités, si désespérantes qu'elles pussent être.

Vous le dirai-je ? en dépit de tout, je conservais encore un reste d'espoir.

Cette fois Mornand me répondit tout de suite.

La réalité que j'implorais arrivait enfin; elle arrivait triste et déchirante... Ce fut pour moi comme un arrêt de mort.

Mornand s'excusait d'abord de ne pas m'avoir écrit plutôt. Il aimait mieux, disait-il, me porter d'une seule fois le coup terrible qui m'allait blesser que de me faire languir par des détails et des longueurs, entre l'espoir qui ne peut mourir tout entier et l'impossibilité d'arrêter les événemens qui doivent vous le ravir pour jamais. « Marie Tillières est mariée de la semaine dernière » Voilà ce que je lus d'abord au milieu du trouble de mes idées et au travers des larmes qui emplissaient mes yeux. Je ne pouvais plus continuer : je voyais sous un étrange brouillard les noms de Banoud, de Vacher...

Elle était mariée : c'est tout ce que je compris !.. mariée à un autre, et mariée cinq mois après mon départ !

Je me promenais éperdu à travers ma chambre, tenant la fatale lettre d'une main, tandis que l'autre pressait convulsivement mon front.

Par une bizarre coïncidence, au moment précis

où je recevais cette lettre, je me livrais à un de ces rêves que l'on fait tout éveillé : mon imagination entrevoyait les difficultés aplanies et vaincues, les animosités calmées ; je retrouvais Marie fidèle à mon souvenir...

Elle fut bien pénible, la rude secousse qui tuait ainsi mes dernières illusions !

J'achevai cependant de lire et de comprendre cette malheureuse lettre.

Mornand s'accusait franchement de m'avoir trompé, lorsqu'il m'avait écrit l'autre fois; il me priait de ne pas lui en vouloir et il tâchait d'établir qu'il n'avait eu en vue que ma tranquillité et mon intérêt. Il me disait que M. Banoud racontait à qui voulait l'écouter que j'étais monté chez lui pour l'assassiner; que j'avais voulu le forcer à se battre en duel, séance tenante, et que, sur son refus, je m'étais emporté dans d'horribles blasphêmes, lui plaçant le poing contre la figure et menaçant de le jeter par la fenêtre. Les gens de sa coterie faisaient semblant de le croire; quant aux autres, en commençant par bon nombre d'ecclésiastiques, c'était un rire universel; cette affaire ne devait donc me causer d'autre souci que de m'être fait un ennemi enragé de Banoud. Ce qui m'attirait un blâme plus sérieux, c'était mon indiscrétion au sujet de mes amours avec la fille des Marigny, et cet esprit versatile, inconstant, qui m'avait, comme on dit vulgairement, fait courir deux lièvres à la fois. On me reprochait aussi d'avoir tenu devant mes élèves des propos irréligieux, d'avoir dit, entre autres choses, que les miracles de Moïse étaient des tours de passe-passe, qui feraient rire aujourd'hui un simple charlatan de carrefour ; enfin qu'après avoir refusé de faire la prière, j'avais dû céder aux ordres du proviseur ; mais que, tout en obéissant, je trouvais moyen de montrer mon incrédulité en récitant cette prière d'une façon dérisoire. Tels étaient les bruits charitables que les dévots faisaient courir sur moi. Madame Tillières et son digne accolyte étaient les plus ardents à repandre ces calomnies. Mornand me donnait ensuite quelques détails sur Vacher, et il me disait que les gens bien informés prétendaient que mademoiselle Tillières avait opposé quelque résistance à ce mariage, mais qu'à force de sollicitations et d'intrigues dévotes, on avait fini par emporter son consentement. M. Tillières avait également résisté; mais je devais savoir par expérience qu'il n'était pas de force à maintenir sa volonté devant celle de la méchante femme qui portait son nom. Du reste, depuis ce fatal mariage, Tillières était anéanti ; il avait vieilli de dix ans et faisait pitié à tout le monde. Mon ami terminait sa lettre par de bons et raisonnables conseils ; il s'efforçait de me prouver que rien n'eût été plus fâcheux pour moi que mon union avec cette jeune bigote, circonvenue par les prêtres et par les moines, et placée sous la direction d'une mère qui ne valait pas le diable.

Je n'étais pas du même avis que lui, et je regrettais amèrement de n'avoir point été prévenu à temps, c'est-à-dire avant le mariage de mademoiselle Tillières. A quoi cela eût-il servi ?... Mon retour à C... eût certainement fait un éclat fâcheux, mais n'eût pas entravé le cours des choses.

Ces accablantes nouvelles, au lieu d'anéantir le sentiment profond que m'avait inspiré cette pauvre et faible enfant, semblèrent le ranimer. Les secrètes tortures de la jalousie se joignirent à un amour désormais sans issue et sans espoir.

Je ne pris pas même la peine de répondre à Mornand. En dépit du ton de sa lettre, je finis par m'imaginer que, gagné par mes redoutables ennemis, il s'était tourné de leur côté, et que son silence prolongé, l'erreur où il m'avait induit, étaient une sorte de cruelle trahison.

Ce qu'il me disait du chagrin de M. Tillières me ramena vers cet excellent homme, si malheureux aussi. J'avais besoin de m'épancher, je n'hésitai plus à lui écrire. Je n'attendis pas longtemps une réponse.

La lettre de mon bon collègue était affectueuse et triste. Il me racontait, avec une amertume déguisée sous sa résignation habituelle, toutes les intrigues, les agitations, les scènes déplorables qui avaient précédé un mariage qui le désespérait. Comme je lui avais avoué franchement l'ennui que j'avais nourri contre lui et les reproches que je me faisais de n'avoir pas maintenu ma position en restant à C..., sacrifiant en quelque sorte à des souffrances d'amour-propre mon ardente affection pour sa fille, Tillières répondait ainsi à ce passage de ma lettre : « Ne nous reprochons rien, mon cher Fabrigue, nous sommes bien assez chagrins sans cela. Croyez ce que je vais vous dire : ce mariage était secrètement conclu avant votre départ, avant même que l'on vous eût cherché les mauvaises querelles que vous savez, et nous n'étions pas capables de l'empêcher; avec la volonté emportée de la mère et les influences des Sainte-Marie, nous avions contre nous les inspirations fanatiques de l'aumônier, et les répugnances qu'on a si indélicatement soulevées à votre égard. Voilà de ces choses qu'on ne peut combattre ;.. on ne détruit pas les fantômes !.. et quels fantômes que ceux qui salissent une jeune imagination, au point de mettre un père dans l'impossibilité de provoquer librement la confession de sa fille.

« Si c'est une consolation pour vous, et je connais trop votre cœur loyal pour le croire, Marie sera malheureuse. Elle est allée, les yeux bandés et la tête en avant, donner dans le piége. Pour le présent, je suis déconsidéré, annulé dans son cœur comme dans son esprit. D'amères déceptions ne tarderont pas à la ramener vers moi... mais alors le bonheur de ma fille sera brisé pour toujours... Quant à vous, Fabrigue, vous êtes jeune, votre caractère est d'une trempe énergique : il faut vous consoler et oublier. Mon ami, ce serait une nouvelle douleur pour moi, si j'apprenais que le découragement et l'ennui apportent quelque trouble à la carrière que vous suivez avec tant de succès. »

Cette lettre, loin de relever mon esprit abattu, acheva de m'accabler.

La perspective du malheur de cette aimable créature, pauvre victime des intrigues cléricales, m'était particulièrement insupportable.

Soit fatigue morale, soit indisposition physique, je ne tardai pas à tomber dans une tristesse qui approchait du marasme. L'éloignement systématique, la froideur de mes confrères, succédant tout-à-coup aux meilleurs rapports, me touchèrent à peine. Je n'y faisais pas attention.

Cependant, lors du retour des vacances de Pâques, cette malveillance prit un caractère si prononcé que je dus compter avec elle. Sur la cour qui précédait les classes, on affectait de s'éloigner de moi ; dans la rue on m'évitait ; je voyais des têtes se détourner, afin de n'avoir pas à répondre à mon salut ; le proviseur me retira les élèves internes auxquels je donnais des leçons particulières ; ceux du dehors me quittèrent également. Je sentais qu'une espèce de réprobation pesait sur moi. J'essayai de me l'expliquer ; j'en cherchai vainement les motifs. N'y comprenant rien, je me renfermai tout à fait chez moi, et je ne parus au lycée qu'à l'heure de la classe. Les jours de congé, j'errais seul aux environs de la ville.

La campagne était assez pittoresque et d'une teinte mélancolique qui s'accordait parfaitement avec la douleur profonde qui m'envahissait; cet isolement l'entretenait et la développait aux dépens de ma santé. Je ne travaillais plus. Je ne lisais pas davantage. Je cherchais les endroits écartés, quelque ravin silencieux et caché; là je m'asseyais sur la mousse au pied d'un grand chataignier ou d'un vieux sycomore, et je passais des heures entières la tête dans mes mains, l'esprit perdu dans des rêves aussi cruels qu'insensés. Mille pensées confuses enflammaient mon cerveau malade. Tantôt je voulais demander un congé d'un an, retourner à C....., fatiguer Banoud de ma présence, le poursuivre, l'insulter même et provoquer par là un éclat public. Je me voyais traduit devant les tribunaux...., appelé à expliquer ma conduite et fulminant un plaidoyer terrible contre mon lâche ennemi. Mais cette irritation se tempérait peu à peu, quand je songeais que je ne pourrais faire aucune démarche, aucun retour sur le passé, sans que le nom de madame Vacher s'y trouvât plus ou moins mêlé. Alors mon cœur s'attendrissait, je me plongeais avec une sourde rage, confondue aux sentiments les plus doux et les plus contradictoires, dans les souvenirs et le regret d'un bonheur à jamais perdu. Amour, haine mortelle inquiétude sur le sort présent de la personne aimée, sombres désirs de vengeance, comme vous avez déchiré mon cœur pendant le cours de cette cruelle année !

Tout ce que j'aimais autrefois : la beauté des soirs, la fraîcheur du matin, l'ombre recueillie des grands arbres,.. le silence de la campagne,... la douce mélancolie répandue sur le bord des eaux,.

oui, tout avait changé de face. Mes yeux voilés d'un sombre et morne chagrin, ne s'ouvraient plus qu'à demi sur ces délicieux tableaux, que la providence de Dieu distribue se libéralement aux regards du pauvre et du riche, de l'heureux et de l'affligé.

Tout me révoltait. Tout me faisait souffrir.

Si ma pensée n'alla pas jusqu'au suicide, j'en fus redevable aux principes religieux qui avaient bercé mon enfance.

J'avoue que je ne pouvais plus mettre le pied dans une église : la vue d'un prêtre me faisait tressaillir. Je me voyais chargé de la haine universelle et dévote, enveloppé de mystérieux ennemis qui complotaient ma ruine. C'était un peu cela ; mais mon imagination avait singulièrement grossi les proportions.

Cette funeste année et celle qui suivit sont gravées pour toujours dans ma mémoire; je ne les oublierai jamais. Dieu veuille que je n'en traverse plus de semblables ! je n'y résisterais pas.

Immédiatement après la distribution des prix, je partis pour Paris, et je sollicitais un nouveau changement. Je demandai un lycée soit du côté de l'Alsace, soit dans le Nord. Mon ami, qui me semblait lui-même un peu refroidi, s'employa cependant et me promit de suivre mon affaire. Je n'osais entrer en explication avec lui. C'était un homme froid et compassé, quoique fort obligeant. Quand je le quittai, il m'engagea à la prudence, à la modération,.. à la régularité morale... Ces derniers mots me soulevèrent. Je lui dis : Vous êtes prévenu contre moi, pourquoi ne pas l'avouer tout de suite ? Il déclina ma question et montra un certain embarras. Il me quitta en me serrant la main, et je ne le revis plus.

Je restai encore une quinzaine de jours à Paris, luttant entre le désir de revenir à C.., dont je n'étais pas éloigné, et la crainte d'attirer quelque désagrément à la pauvre Marie. Enfin la raison l'emporta cette fois. Je partis directement pour le Midi.

IV

Le premier coup d'œil que ma tante jeta sur moi lorsque j'arrivai près d'elle, révéla tout de suite le dépérissement de ma santé : j'étais pâle et fort maigre, et beaucoup plus triste que l'année précédente. La bonne fille m'accablait de questions et se répandait en injures contre eux qui m'avaient mis dans cet état. Les confréries et les congrégations n'étaient pas épargnées, non plus que les couvents. Il était en vérité bien curieux d'entendre Marcelle, excellente chrétienne du reste, s'épancher sans réserve sur de pareils sujets. Il fallait que son cœur y fût pris tout entier.

D'autres griefs l'avaient encore exaspérée.

On exploitait mon oncle tout à fait en grand. Un

beau jour ma tante était allée le surpendre à sa bastide, malgré la défense qu'il lui avait signifiée plusieurs fois. Les appartements étaient en partie démeublés. Il n'y avait plus de linge, plus de vaisselle; à peine quelques grossiers ustensiles de cuisine. On chargeait la moisson sur les voitures d'un couvent voisin. Deux frères surveillaient cet emménagement. Ma tante ne brillait ni par la patience, ni par la timidité, et dans la cour, devant les travailleurs et les valets, elle apostropha vigoureusement les bons pères, en les traitant de pillards et d'escrocs, et menaçant de faire interdire son frère qui lui avait volé une succession.

L'oncle Fabrigue qui craignait la langue et les emportements de sa sœur, s'était caché dès son arrivée. Il n'osa venir au secours de ses protégés; Marcelle fit décharger les voitures; elle voulait que l'on détachât les chiens pour les mettre sur les talons de ces honnêtes voleurs.

Après cette expédition sommaire, elle parvint à trouver son frère. Il était au fond du pressoir. Sans s'arrêter au bouleversement qui régnait sur les traits altérés du vieillard, Marcelle entra tout de suite en matière.

— C'est chose décidée, lui dit-elle, tu veux dépouiller ton neveu pour enrichir des étrangers: je m'en défiais depuis longtemps : j'en suis sûre aujourd'hui. Qu'as-tu contre le fils de notre frère ? n'a-t-il pas toujours été soumis, affectueux ? un vrai fils pour nous deux ? Il y a quinze ans, tu as détourné à ton profit la succession de Royou ; j'aurais pu te faire un procès en ce moment-là : rien de plus facile, et je n'ai pas oublié ce que m'a dit le juge de paix. Mais tu étais le tuteur d'Adrien ; tu ne pensais point au mariage, et tout naturellement ce que tu nous as volé alors devait revenir à mon neveu. Je me suis donc tue et résignée. Note bien que je connais les manœuvres qui ont amené le testament de Royou. Il faudrait avoir une robuste conscience et une rare effronterie pour disposer de ce bien-là, au moins pour chacun des biens qui devait nous revenir... Quant à ton avoir personnel, c'est autre chose. Je sais que tu es libre d'agir contre la justice et le droit ; ce sera une méchante action sans doute, mais pas tant odieuse que l'autre. Les voleurs que je viens de chasser d'ici....

— Ma sœur... ce sont des religieux... dit le bonhomme tout tremblant.

— Eh ! oui, des religieux qui te dépouillent si tu l'aimes mieux, et que l'autre mot te semble trop dur. Ces gens-là, vois-tu, se sont emparés de ton esprit et, avec la contre-partie des associations et des commérages de charité à la mode, je ne doute pas que l'on n'arrive à ton dépouillement complet...

— Ma sœur, ne vous fâchez pas, je vous prie... ainsi le veut l'Évangile...

— L'Évangile !... c'est bon cela ! où avez-vous vu par hasard que N. S. Jésus-Christ se fût transformé en pillard des familles ?.. quel héritage a-t-il mendié et recueilli, lui qui voulut naître et mourir pauvre,... qui vint en ce monde sur la paille et qui mourut presque nu sur une croix ? Si vous tenez à l'imiter, laisser à votre neveu le bien de nos parents et vous en allez finir sous quelque escalier comme saint Alexis...

— Jésus-Christ a dit en maint endroit de vendre son bien et d'en donner le prix aux pauvres.

— Vendez-le votre bien, mais ce qui vous appartient légitimement d'abord, et non pas ce que vous m'avez volé : vous n'en avez pas le droit. Oui, vendez ce qui est bien à vous et donnez-en l'argent aux vrais pauvres, et non aux gens qui font semblant de l'être, afin de vous duper..... donnez à l'ouvrier sans travail, à la veuve malade et abandonnée, aux pauvres petits enfants qui grelottent et gémissent à votre porte, et qui maintenant ne trouvent plus chez vous qu'une insensibilité raisonnée, appuyée sur ce singulier principe : Il faut que toute charité passe par les mains d'une association plus ou moins religieuse. Je ne suis ni prophète ni fille de prophète, et je ne sais pas où nous allons, mais je vous dis que toutes ces spoliations, ces exhérédations, ces intrigues de cloître et de confréries, porteront tôt ou tard un grave préjudice à la religion. Bien volé, dit-on, ne prospère jamais, et quel plus insigne vol que celui qui s'autorise d'une fausse interprétation de l'Évangile et qui dépouille l'héritier naturel que Dieu vous a donné?... Mais ne discutons point tant; avez-vous, oui ou non, l'intention de déshériter votre neveu?

— Ma sœur, non pour le moment, et, s'il veut s'amender, se reconnaître, j'essaierai d'oublier ses épouvantables méfaits.

— Qu'est-ce que cela veut dire?... des méfaits épouvantables !... Est-ce qu'Adrien est un scélérat?... A-t-il égorgé quelqu'un par hasard ?

— Il l'eût fait, s'il eût osé ; au moins il en a eu la volonté avec commencement d'exécution...

— Vous vous moquez du monde, répartit Marcelle outrée; qui vous a chanté de pareils cantiques? ce sont apparemment les gens qui sortent d'ici... Ah ! çà, mon frère, vous devenez fou, sur ma parole, je ne saurais plus croire que vous ayez conservé l'ombre du sens commun.

— Je vous dis qu'Adrien est plus sanguinaire que vous ne pensez, et qu'il est en bonne route pour devenir un pas grand'chose...

— Et moi, je vous dis qu'on travaille à démonter votre pauvre cervelle, qu'on cherche à rendre votre neveu odieux, à vous exciter contre lui. Il est aisé de deviner qui recueillera les profits de cette bonne action... allons, venez donc, que nous voyions ensemble le bon état où ces honnêtes gens ont laissé votre maison. Il n'y a, Dieu merci ! bientôt plus une chaise pour s'asseoir... Ah ! mon frère, avoir ainsi dilapidé le mobilier de notre pauvre digne mère qui vous avait tant recommandé de le conserver ! j'espérais mieux de votre cœur.

Ils parcoururent successivement les chambres de la bastide : mon oncle n'osait résister en face à sa sœur, et il dut subir les plaintes et les lamentations auxquelles elle s'abandonnait en considérant la nudité des appartements. Enfin ma tante éclata en sanglots, en reproches amers, lorsqu'elle entra dans la chambre où ma grand'mère était morte. Cette pièce n'avait pas été plus épargnée que les autres. On avait emporté le vieux secrétaire en marqueterie, la petite console à galerie de cuivre doré, les fauteuils brodés à l'aiguille, un beau tapis; les matelas du lit avaient également disparu. De sorte qu'il ne restait plus que les quatre murs et un bois de lit, garni d'une paillasse... Oui, disait la pauvre Marcelle, si j'avais connu cette criminelle profanation, avant le départ des deux coquins, j'aurais payé les journaliers pour les rouer de coups.

Mon oncle, consterné, la suivait sans mot dire. Probablement qu'en son cœur, il se regardait comme un nouveau Job persécuté par le démon, et qu'il offrait à Dieu sa patience et ses humiliations.

Ma tante partit dès le soir. Le ressentiment l'étouffait.

Cette scène était toute récente au moment de mon arrivée; Marcelle voulait faire un procès à son frère; elle voulait essayer d'obtenir son interdiction.

Je mis toute mon influence en œuvre pour calmer sa profonde irritation, et je lui fis comprendre l'impuissance des moyens violents. Je lui promis de faire tous mes efforts pour regagner la confiance et l'amitié de mon oncle.

J'allai le voir à sa campagne où il surveillait le cuvage des vins. Il me reçut bien. J'affectai de ne point apercevoir le singulier déménagement qui avait si fort désolé sa sœur. Le vieillard parut me savoir gré de cette délicatesse. Il ne me parla point du passé, et quand je lui dis que j'allais encore changer de résidence à la rentrée, il ne me fit aucune observation. Je remarquai qu'il y avait en lui un parti pris, et que ma soumission se briserait contre cet obstacle secret tout autant que les emportements de ma tante.

Cette fâcheuse decouverte n'était pas de nature à relever mon état moral. On ne voit pas sans un certain dépit cent cinquante à deux cent mille francs, dont une forte fraction devait vous appartenir de plein droit, prêts à vous échapper pour s'en aller enrichir des moines ou des confréries; mais, comme je ne savais aucun moyen de parer à cette triste déception, je tâchais de m'y soumettre d'avance.

Ma tante me harcelait du matin au soir. Elle voulait me forcer à défendre ce qu'elle appelait notre patrimoine. Elle me trouvait lâche et surtout trop mou envers un misérable (c'est ainsi qu'elle qualifiait son frère) qui, non content de nous avoir volé l'héritage de Royau, venait de jeter au vent les saintes reliques de sa mère. Enfin, et malgré mes supplications, elle alla consulter un avocat au sujet de l'interdiction. Cet avocat l'encouragea, lui prédit un sucès infaillible et finit par lui monter la tête à un point que je ne saurais dire. Je déclarai nettement que mon nom ne serait jamais mêlé à une démarche que je considérais comme aussi impolitique qu'indélicate.

Marcelle, abandonnée à ses propres forces, fut obligée de renoncer à sa folle entreprise. Malheureusement il en transpira quelque chose, et l'oncle Fabrigue apprit un beau jour que sa sœur se proposait de le faire interdire. Dès lors ils cessèrent absolument de se voir.

Ces insupportables tracasseries empoisonnèrent le temps que je passai dans mon pauvre pays. Ce n'étaient, à vrai dire, que des coups d'épingles sur un coup de poignard; mais le cœur qui souffre est comme le corps endolori... tout le blesse profondément. Ce fut presque une satisfaction pour moi de m'en aller si loin, qu'il me semblait que le retentissement de ces déplorables querelles ne pût venir jusqu'à mes oreilles.

De certaines paroles échappées à mon oncle, j'avais conclu que l'on s'était mis en rapport avec lui, et que les ennuis de mon séjour à C... ainsi que mes tribulations matrimoniales avaient été largement exploités contre moi. Il n'y paraissait point de remède. De loyales explications ne prévaudront jamais sur les adroites roueries des coureurs de successions. Mon oncle partageait tous les préjugés haineux des dévots à l'endroit des fonctionnaires de l'Université. Il était aisé de lui persuader que me laisser son bien, c'était concourir à une œuvre de perdition. Pauvre vieillard! il m'aimait bien pourtant et jusqu'alors aucun nuage n'avait obscurci cette affection. Je le respectais comme un père et je l'aimais tendrement. Quand je l'embrassai en partant, il pleurait... Il me pria de ne point exciter sa sœur contre lui... Je voyais qu'il souffrait de leur rupture. Peut-être si je fusse resté alors, comme j'en eus un moment la pensée, tout eût-il changé de face; mais j'éprouvais un besoin d'agitation, de déplacement qui m'entraînait.

Mon nouveau poste était conforme à mes désirs. Il se trouvait à l'autre extrémité de la France. Je m'y rendis confiant et tout plein de l'espoir de vivre tranquille, oublié dans ce recoin obscur. Le choix ne valait pas grand'chose, le lycée était peu nombreux. Je me flattais de trouver un pays fort insensible aux passions et aux querelles religieuses. J'avais soif de repos.

Mon titre d'agrégé me valut une réception très-flatteuse. Le proviseur, brave homme un peu nul, s'était mis en tête de relever son lycée aux dépens de mon grade et de ma réputation.

Comme l'année précédente, je fus d'abord au mieux avec mes collègues, et je vis aussi leur bienveillance diminuer graduellement. J'aurais pu me passer de ce surcroît d'ennuis : je n'en manquais pas d'un autre côté.

Mornand, qui n'avait rien compris au silence que j'avais gardé envers lui, m'écrivit vers cette époque. Il me disait que Marie n'était point heureuse; que l'on prétendait qu'en dépit de sa dévotion, elle me regrettait; que son mari, brute sans esprit et sans éducation, s'en montrait fort jaloux; qu'il était en guerre ouverte avec sa belle-mère et qu'il se proposait de la mettre définitivement à la porte, parce qu'elle troublait leur ménage et *l'embêtait solidement*. Madame Tillières, de son côté, se plaignait fort de son gendre. Quant à Banoud, les cheveux lui dressaient sur la tête rien qu'à entendre prononcer mon nom.

Je ne sais quelle intention avait dicté cette lettre et je ne pus jamais démêler si elle était l'épanchement d'un ami officieux, ou la raillerie cruelle d'un être méchant, comme il s'en rencontre trop par le monde.. Quel qu'en fût le but, elle me causa une douleur infinie.

Bien des fois j'avais pensé que la pauvre Marie devait souffrir. et que cet ignoble Vacher ne pourrait que lui faire une existence de tristesse et d'ennui. La certitude de son malheur m'affligea, comme si c'eût été chose nouvelle et à laquelle je n'eusse jamais songé.

Je m'absorbai davantage dans les incurables regrets de ma funeste passion : j'oubliai tout ce qui n'était pas elle, même ces deux pauvres vieillards brouillés et divisés que j'avais laissés en proie à leur tristesse, à leur isolement. Je fermai systématiquement les yeux sur l'attitude hostile que tout prenait autour de moi.

Un grave incident me tira de mes rêveries et me força à réfléchir. Je finis par m'inquiéter sérieusement des persécutions sourdes qui me suivaient de ville en ville. Évidemment on m'avait déconsidéré l'an passé; cela recommençait sur de nouveaux frais et dans un nouveau séjour. Faudrait-il donc passer ainsi toute ma vie, errant, calomnié, mis en suspicion, dès que je paraîtrais quelque part.

Voici ce qui venait de m'arriver.

J'avais en répétition deux jolis enfants de treize et quinze ans, fils d'un avoué de la ville. Ils étaient pleins d'intelligence et de bon vouloir. Je m'en occupais beaucoup, et les soins que je leur donnais faisaient diversion à mon ennui mortel. Les parents, gens de cœur, appréciaient mon dévouement et jouissaient du succès des enfants qui progressaient d'une manière sensible.

Or, il arriva qu'un jour on me retira mes deux jeunes élèves, sans me prévenir, sans me remercier. On m'envoya le prix d'un demi-mois par le domestique, le tout accompagné d'un billet fort sec dans lequel monsieur Wagner me priait de vérifier le compte et de donner un reçu. Je renvoyai l'argent.

Je n'hésitai pas à demander un moment d'entretien à l'avoué, résolu que j'étais à pousser jusqu'au bout la recherche des causes de ce nouvel affront.

Monsieur Wagner, homme très-considéré, plein d'honneur et de franchise, me montra quelqu'embarras d'abord. Il essaya de me donner le change en me disant qu'il voulait faire travailler ses enfants lui-même; que la mère désirait les tenir près d'elle, etc... Voyant que je ne me payais nullement de ces excuses banales, son embarras redoublait.

Enfin il parut faire un effort sur lui-même :

— Voyons, me dit-il, monsieur, puisque vous y tenez absolument, je vais vous dire toute la vérité. Au fond tout cela n'est peut-être que calomnie. Écoutez-moi bien et répondez-moi loyalement : Avez-vous des ennemis ?

— J'ai lieu de le craindre. A L... j'ai eu le malheur de déplaire à une coterie, représentée par le président de la société de saint Vincent-de-Paul. Cet homme m'a fait bien du mal, mais il me répugne de croire qu'il me traque jusqu'ici.

— Avez-vous quitté L... volontairement?

— Oui et non. Lorsque je demandai mon changement il paraît que le proviseur m'avait prévenu, mais il avait fait cette démarche très-secrètement, et jusqu'à la fin il m'accabla des témoignages d'une bienveillance hypocrite.

— En sortant du lycée de L... vous êtes passé à celui d'A... Y avez-vous eu des désagréments? Excusez-moi, si je vous fais subir une sorte d'interrogatoire : c'est qu'il m'en coûte d'en venir au fait.

— Parlez hardiment, répondis-je, votre franchise me rendra un service que je ne puis attendre que d'un véritable ami. J'ai quitté A..., parce que j'y ai éprouvé le même traitement que je subis aujourd'hui. Mes collègues m'ont tout à coup tourné le dos. On m'a retiré des enfants de bonne famille, sans que je puisse dire en quoi j'ai démérité de la confiance et de l'affection qu'on m'avait témoignées d'abord. L'année dernière j'ai bien pensé que cela venait de certaines manœuvres; mais en cédant à l'orage, en m'éloignant autant que possible, surtout en acceptant un poste qui a tous les tristes priviléges d'une déchéance, je croyais en avoir fini avec ces gens-là.

— Vous n'avez jamais rien eu à démêler avec la police, me dit M. Wagner en me regardant attentivement.

— Moi, non en vérité, que voulez-vous dire? — Est-ce que le président dont je vous parlais a porté quelque plainte? — Mais non, cela ne se peut pas, j'en aurais entendu parler... Voulez-vous que je vous mette un peu au fait de cette histoire, ajoutai-je en voyant que l'avoué gardait le silence... Et, sur un signe d'approbation, je lui contai en quelques mots les déboires que j'avais essuyés à L...

Quand j'eus fini, il me dit: — Mon pauvre monsieur Fabrigue, tout cela est bel et bien, et il n'y a pas, comme on dit, de quoi fouetter un chat. Mais en même temps, il n'existe aucun rapport entre ce que vous me racontez là et ce dont on vous accuse. Sur ma parole d'honneur, je ne sais comment vous exposer de si vilaines choses... Plus je vous regarde, plus votre bonne et loyale physionomie me convainc que vous êtes la victime d'une atroce méchanceté. Je ne retiendrai donc rien de ce que je sais; mais vous, à votre tour, donnez-moi votre parole d'être modéré et de ne point mêler notre nom aux fâcheux indices qui peuvent dériver de mon indiscrétion. Comme homme public, j'ai des ménagements à garder.

Je lui dis : — Sur la mémoire vénérée de ma mère, je vous promets le plus inviolable secret. Parlez, je vous en prie... vous ne savez pas combien je souffre.

— Vous connaissez bien ma femme, mon cher monsieur; depuis quelques mois que vous soignez ses enfants, vous avez pu apprécier la bonté de son cœur et en même temps le peu de solidité de son jugement et la faiblesse de son intelligence. Vous dire quelles luttes j'ai eu à soutenir contre elle ou plutôt contre le confesseur, pour arriver à faire suivre à mes enfants les cours du lycée, ce serait toute une longue histoire. Elle voulait prendre un précepteur, un abbé; sur mon refus, elle entreprit de les envoyer pensionnaires en Belgique. Je ne suis pas homme à céder aux caprices d'une femme, et, en dépit de tous les confesseurs du monde, il a fallu que l'éducation de mes enfants marchât à mon gré. Tout en ployant, ma femme a gardé une profonde méfiance, et je vous avoue qu'elle a une médiocre considération pour les professeurs de l'État. Vous comprenez par ce que je viens de vous dire, que ma pauvre femme est lancée dans tout ce qu'il y a de plus dévot. Je ne m'en plains pas; c'est une bonne, une sainte créature. Nous vivons bien ensemble, à la conditon pourtant que je sois un peu plus le maître que le directeur.

Au commencement de l'année, lorsque je manifestai l'intention de faire donner aux enfants quelques leçons particulières, il y eut une petite révolte d'abord ; mais aussitôt que nos rapports fréquents lui eurent permis de comprendre qu'il peut y avoir d'honnêtes gens, même au sein de ce corps universitaire si détesté du clergé, elle passa de l'antipathie à l'enthousiasme : vous étiez un homme parfait ; vous saviez faire aimer le travail à ses enfants ; vous ne les punissiez point... En dehors de son confesseur, je ne l'avais jamais vue s'engouer ainsi de personne. Vous vous rappelez que le premier mois les leçons furent données chez nous. Le mois suivant et les autres, on vous envoya les enfants au sortir du lycée. C'est vous dire que ma femme vous avait accordé une pleine confiance. Jugez quelle fut ma surprise, lorsque, ces derniers jours, elle arriva tout éplorée dans mon cabinet : elle me fit sortir et me pria de renvoyer, aussi vite que possible, les clients qui encombraient l'antichambre.

Aussitôt que je fus libre, je montai chez ma femme, je la trouvai dans un état impossible à décrire.. Ses deux fils étaient perdus.... et perdus par ma faute... Vous étiez un infâme...; vous aviez démoralisé ses enfants...; elle en était sûre. L'aîné s'était fait prier pour aller à confesse... Enfin vous étiez aussi impie que débauché.

Ce que je vous dis là est pénible : rappelez-vous que c'est vous qui l'avez voulu.

Je tendis la main à monsieur Wagner, il la serra cordialement et il me dit : — En dépit de tout, monsieur, je vous tiens pour un honnête homme, ce que vous éprouvez à l'heure qu'il est me confirme dans l'opinion que j'ai toujours eue : vous êtes victime d'abominables calomnies !... Je reprends donc mes pénibles confidences. Je voulus raisonner ma femme et je lui demandai de qui elle tenait ces ignobles renseignements. Elle refusa de me le dire. Elle voulait que je m'en allasse attendre les enfants à la sortie du lycée, pour les emmener et les empêcher de retourner chez vous. Je lui signifiai qu'il ne serait point fait d'éclat, que nous reprendrions les enfants le lendemain, mais à la condition qu'elle ne me cacherait rien. La première chose que j'exigeai, ce fut d'être renseigné sur la source d'où partaient ces graves accusations. Ce ne fut pas sans mille difficultés qu'elle m'avoua qu'un homme très-pieux, très-estimé à L... avait cru devoir, dans l'intérêt de sa conscience, avertir un membre de la société de saint Vincent-de-Paul de notre ville, pour que celui-ci pût à son tour prévenir les familles chrétiennes contre le danger qui menaçait leurs enfants.

Je reconnus la conscience de Banoud, mais j'étais trop atterré pour dire un seul mot.

— Du reste, continua l'avoué, madame Wagner, tout en entrant dans la voie des aveux, se renfermait dans un cercle de vagues réticences, à l'usage des gens pieux qui ne veulent ni mentir, ni dire la vérité. Je vis le soir un de vos collègues, homme extrêmement délicat et probe, je lui confiai la pénible situation où je me trouvais et je lui demandai ce qu'il pensait de vous. Il me répondit qu'on lui avait déjà dit quelques mots de ces sales histoires; qu'il n'osait y croire et que vous lui sembliez un honnête et loyal jeune homme; cependant il m'avoua que ces sourdes rumeurs vous faisaient un tort immense, qu'aucun professeur ne se souciait de votre intimité, qu'il avait eu envie de vous prévenir, mais qu'il savait que vous aviez une mauvaise tête et qu'il ne voyait aucune nécessité à se mêler de ce qui ne le regardait pas.

En rentrant, ma femme me supplia d'interroger

ses enfants : elle venait déjà de leur adresser une foule de questions plus ou moins indiscrètes, et elle se promettait d'en référer au confesseur. Elle ne m'écoutait plus, et je ne pouvais tirer d'elle une parole raisonnable. Mes deux pauvres garçons ne savaient ce qu'on leur voulait; seulement le jeune, qui est le plus intelligent et qui vous aime de tout son cœur, semblait deviner qu'il s'agissait de quelque menée désagréable pour vous. Il se mit à pleurer et la mère prétendait que c'était un aveu tacite. J'avoue que ce jour-là j'ai passé une abominable soirée. Cependant je demeurais convaincu de votre innocence et pleinement rassuré par rapport à mes enfants. J'aurais voulu plus de réflexion, surtout plus d'égards vis-à-vis de vous, mais je dus céder cette fois-ci aux scrupules exagérés de ma femme...

Il serait peut-être prudent de ne pas vous en dire davantage, continua l'avoué...

— Je vous en supplie, monsieur, dis-je d'une voix étouffée par l'émotion, ayez pitié de ma cruelle position et ne me cachez rien; c'est un si grand service que vous me rendez! ne le rendez pas à demi. Éclairé sur la marche de ceux qui veulent me briser, je pourrai plus facilement déjouer leurs indignes projets, parlez-donc, je vous en conjure...

— Au fait, monsieur Fabrigue, vous êtes calomnié par un parti que je n'aime guère... Je ne suis pas dévot et, si ces gens-là se soutiennent entr'eux, je ne vois pas pourquoi nous autres, hommes du temps présent, nous ne nous apprécierions pas réciproquement... Allez, les dévots sont des gaillards que je connais bien, tout ce qui ne navigue pas dans leurs eaux est bon à jeter à la côte. Reprenons donc notre récit, puisque vous le souhaitez.

Quoique madame Wagner se fût obstinée à me taire le nom du pieux correspondant qui lui avait donné une si chaude alerte, je parvins cependant à savoir ce nom. C'était une espèce de niais, d'autant plus dangereux peut-être qu'il joue de franc jeu. La femme de ce dévot personnage est amie de madame Wagner, et je n'ai jamais douté que la langue des femmes ne fût pour une bonne moitié dans toute cette misérable histoire. Par curiosité, par un sentiment d'intérêt aussi, car je ne pouvais oublier les soins que vous avez donnés à mes enfants, je tins à m'éclairer complétement, je cherchai à voir jusqu'au fond de cette honteuse intrigue.

Madame B... est loin de partager l'extrême bigoterie de son mari, et j'étais sûr qu'en m'y prenant adroitement, je lui ferais dire à peu près tout ce qu'il me plairait. Il n'y avait qu'une difficulté, c'était de la trouver seule; ma foi, le hasard me servit à merveille. Elle vint à mon cabinet pour un mauvais procès où ils se sont embarqués. Après avoir causé de ses affaires, naturellement je parlai de mes enfants. Elle me dit : — Savez-vous que vous aviez choisi un affreux homme, pour lui confier vos fils; mon mari m'a expressément défendu de causer là-dessus; mais je ne vois pas trop la conséquence d'une indiscrétion avec vous, puisque vous êtes au courant. C'est bien terrible, on ne sait plus à qui se fier; car madame Wagner m'a dit que ce monsieur avait un extérieur très-convenable et une physionomie des plus avenantes. — C'est vrai, répondis-je, et j'ai même quelques doutes que j'aimerais à éclaircir. Dites-moi, est-ce qu'il est bien réel que votre mari ait reçu une lettre de L...? — Si c'est réel; mais cette lettre, je l'ai vue, je l'ai lue d'un bout à l'autre. — Savez-vous de quelle personne émane cette dénonciation? — Est-ce que votre femme ne vous l'a pas dit? c'est le président de la conférence qui a écrit lui-même à mon mari. Son intention, il a bien soin de le dire, n'est point du tout de nuire au professeur; c'est par devoir de conscience qu'il vient ainsi au secours des familles, que le mérite scientifique de ce méchant garnement aurait pu aveugler, et vous voyez, cher monsieur Wagner, le bon office qu'il vous a rendu. Pour ne point mentir, et de vous à moi bien entendu, je vous dirai que le charitable président m'a paru acquitter son devoir de conscience avec une espèce de malin plaisir... Les hommes sont si méchants, et parfois le diable se cache derrière la croix. Madame B... se prit à rire... — Que l'on vienne donc, continua-t-elle d'un ton un peu moqueur, que l'on vienne donc m'affirmer que ces pieuses associations ne sont pas d'une immense utilité.

— La police ne ferait pas mieux.

— Un pauvre diable s'en va cacher ses peccadilles, dignes des galères, il est vrai, à une couple de cent lieues..., il se croit oublié, perdu dans la foule et l'obscurité; mais un bon chrétien s'attache à ses traces, il le surveille, il lui enlève son masque avec toute la charité d'un recors. C'est gentil cela. Retournez la chose maintenant : il s'agit d'un confrère recommandé. Il y a dix-huit mois, je crois, on envoya à mon pauvre mari un certain jeune homme, muni d'une lettre de je ne sais quel président de conférence. Vous comprenez que ce monsieur-là était un miroir de toutes les vertus. Tout le ban et l'arrière-ban de la dévotion se mirent sur pied pour placer ce digne garçon. M. Denant lui confia sa caisse... Vous savez le reste.

— Votre mari est donc le correspondant habituel de ces messieurs ?

— Je ne sais trop. Le fait est qu'il reçoit beaucoup de lettres, mais il me les cache. Si j'ai vu celle qui est relative à votre professeur, c'est parce qu'on voulait se servir de moi pour prévenir votre femme, et comme j'ai une conscience aussi, je n'ai voulu prêter mon concours qu'à bonne enseigne.

— Il faut, chère madame, que je vous confie ma faiblesse, je serais extrêmement curieux de voir cette lettre. Serait-ce donc impossible ?

Madame B... me répondit : — Impossible ? non... difficile, peut-être... Et puis à quoi cela vous servirait-il, puisqu'on vous en a transmis le contenu ?...

— Je suis curieux : cette affaire se présente à mes yeux sous un aspect si étrange ! j'aimerais à asseoir mon jugement sur une pièce *de visu*... Voyons, nous sommes de biens vieux amis, me refuserez-vous ?...

— J'ai peur que vous n'attiriez quelque fâcheuse affaire à mon mari. Le président de là-bas, un M. Banoud, demande un profond secret. Cela se conçoit bien. Savez-vous que votre aimable professeur a tenté de l'assassiner ou quelque chose d'approchant ?

— Votre mari est un homme trop inoffensif pour inspirer de semblables idées.

— Dame, je ne sais : quant à lui, vous le connaissez, il est tout de bonne foi dans ses idées saugrenues ; et s'il s'était trompé, ce serait sur le dire d'autrui. Venez donc ce soir sur les sept heures, puisque vous avez si grande envie de voir ce beau chef-d'œuvre épistolaire ; et surtout n'allez pas faire occire mon pauvre mari, je ne vous le pardonnerais de ma vie... Si par hasard je n'étais pas seule, demandez un nouveau titre, ce que vous voudrez... mais M. B... sera sûrement parti pour la conférence du mardi.

— Et vous l'avez vue cette lettre ? dis-je en interrompant malgré ma résolution d'écouter silencieusement jusqu'au bout.

— Certainement... ; c'est un vrai chef-d'œuvre de coquinerie... ; on sent d'un bout à l'autre que l'homme qui l'a signée, commet une mauvaise action dont les suites le préoccupent, et qu'il se met en garde pour l'avenir. Voici en résumé ce que contient cette triste élucubration d'un esprit diabolique. Insinuations sur votre moralité,... qui, sans rien expliquer, donnent à entendre que vous êtes arrivé au dernier degré de la perversité. Insinuations non moins perfides sur la violence de votre caractère, sur la manière indigne dont vous avez compromis une jeune fille, pendant que vous cherchiez une autre aventure... votre mariage rompu d'après ces fâcheuses découvertes... Instances secrètes du proviseur pour vous faire expulser de l'établissement... Terreur que votre emportement inspirait à tout le monde... Enfin, histoire ridicule d'une tentative d'assassinat sur lui-même, qu'il vous attribue avec un peu plus d'assurance que les autres méfaits. Le tout concluant par des protestations de charité et de délicatesse qui feraient rire, si elles ne révoltaient pas.

— Pourquoi, dis-je en frémissant, pourquoi ne puis-je avoir cette lettre ?

— Elle ne changerait rien à votre position et l'aggraverait peut-être. Écoutez-moi plus attentivement que jamais. Si je n'avais pas eu la pensée d'ajouter quelques sages conseils à ces affligeantes révélations, j'en aurais retenu une partie au moins. Vous êtes jeune, monsieur Fabrigue ; vous vous êtes beaucoup absorbé dans vos études, et les livres n'enseignent pas la science de la vie ; vous ne connaissez point le monde, ses injustes caprices et sa profonde noirceur... Certes ce qui vous arrive est quelque chose d'inouï, de déplorable, et je n'y sais qu'un seul remède, c'est de passer pour quelque temps à l'étranger.

— Moi, me condamner à l'exil, fuir devant une horde de lâches calomniateurs!...

— Attendez... Premièrement, il n'y a pas à proprement parler de horde dans tout ceci; mais un seul homme... influent, je le sais..., vindicatif et méchant, je n'en fais aucun doute... correspondant d'un bout de la France à l'autre avec des affiliés...; vous ne pouvez y mettre obstacle. Notez bien, cher monsieur, que la conférence de saint Vincent-de-Paul a deux faces qu'il faut apprécier : association de charité d'abord, digne de tous les respects et de toutes les sympathies, pour le plus grand nombre des adhérents, ce n'est pas autre chose. Et puis à côté et sous le même manteau, quelques initiés formant une sorte de comité directeur, se ramifiant et s'étendant du sein des villes jusqu'au cœur des campagnes... Ce sont des hommes d'action qui stimulent le zèle des catholiques, qui sont chargés de recueillir le denier de saint Pierre..., qui, faut-il le dire, hélas! colportent dans les cercles religieux tant de fausses nouvelles et soulèvent tant d'inimitiés contre le gouvernement que la providence de Dieu maintient en dépit de leurs efforts et de leurs calomnies. Réfléchissez un peu et vous resterez convaincu que la mission de tels hommes n'est pas de s'attacher à détruire tel ou tel individu. Ils ont un but plus sérieux. Conférences de saint Vincent-de-Paul, Enfants de Marie, Adoration nocturne, Tiers-ordre du Carmel, etc. etc... tout marche d'ensemble et gravite incessamment vers un point que l'avenir seul nous dévoilera nettement. — J'en reviens à ce M. Banoud, vous n'avez d'ennemi déclaré que lui et vous voyez quels ennuis il vous a déjà suscités. Lui seul vous a calomnié, lui seul sait qu'il vous calomnie... Alors, à sa suite et sans haine personnelle, par crédulité, par entraînement de coterie, vous vous trouvez avoir contre vous un parti tout entier, et ce parti s'appelle légion... Non pas, comme je vous disais tout à l'heure, que le but des associations soit de vous poursuivre et de vous écraser... La roue tourne, vous êtes fatalement attiré dans ses engrenages et vous y passerez tout entier, si vous ne faites courageusement le sacrifice de ce qui est déjà broyé... Je suppose que vous puissiez avoir en votre possession la lettre de Banoud, qu'en feriez-vous?...

— Je le dénoncerais, je ferais appel à la justice de mon pays... Oh! que ne suis-je armé de cette lettre!... A mon tour, je démasquerais ce misérable fourbe..., ce vaniteux et insipide pédant...

— Eh! bien, moi qui ai vu cette lettre et qui de plus suis un homme du métier, je vous dirai que je ne sais trop ce qu'un procureur impérial de *bonne volonté*, et remarquez que je dis de bonne volonté, pourrait raisonnablement établir sur un pareil document. C'est embrouillé, équivoque, disposé de façon à présenter un sens double et confus. On engage le correspondant à s'informer avec les plus grands ménagements, à examiner bien si l'on n'a point été induit en erreur : on présente chaque fait comme un *on dit*... on n'aurait garde de s'occuper de cela, s'il n'était question des âmes si précieuses de l'enfance... On est plus explicite sur la scène du cabinet. Je veux bien que ce soit fort exagéré; mais là, il y'a au moins quelque semblant de vérité... Vous n'étiez que deux... Entre votre parole et celle de cet homme si bien posé pour mentir, qui l'emporterait ?

Je parle là en supposant que vous ayez cette pièce entre les mains, et vous voyez que, le cas échéant, vous seriez médiocrement armé contre votre terrible adversaire.

Maintenant passons du fictif à la réalité. La seule arme que vous possédiez véritablement, est la confidence que je viens de vous faire avec loyauté, et sous la promesse formelle d'une discrétion dont vous sentez tout le poids. Je ne vous interdis point de baser vos démarches sur cette confidence... Mais quelles seront ces démarches?... Vous questionnerez votre proviseur, vos collègues... Par prudence, par crainte peut-être d'encourir certaines animosités, tous se tairont ou vous donneront de ces vagues défaites qui n'éclaircissent rien. — En essayant de vous justifier, vous contribuerez vous-même à propager les mauvais bruits qui circulent contre vous... Si vous vous adressez au ministère, ce sera une autre maladresse. La coterie a le pied partout, et soyez sûr que vous devez être excessivement mal noté. Vous êtes jeune, vous êtes célibataire, vous êtes instruit et intelligent : croyez-moi, quittez la France durant quelques années. J'ai une sœur mariée en Écosse, elle est chargée par une grande et noble famille de faire venir un professeur distingué, un professeur adonné surtout à l'enseignement des sciences... Vous remplissez à merveille toutes les conditions que l'on exige. Réfléchissez-y. Moi, je vous le dis sans détour, je prendrai quelques renseignements; je suis persuadé qu'ils seront honorables; mais je les prendrai. Je vous plains sincèrement, mon cher monsieur; j'ai la volonté de vous aider... Peut-être ai-je eu le tort d'être trop franc...

— Oh! lui dis-je, monsieur, quelle reconnaissance

ne vous dois-je pas, surtout pour cette franchise dont vous semblez vous excuser. Quoi, depuis dix-huit mois, il ne s'est pas trouvé parmi mes collègues un seul homme de cœur, pour m'éclairer, pour me renseigner... J'ai pourtant bien souffert, mon Dieu !...

— Allons, soyez calme, je vous en conjure ; ne vous laissez point dominer par la situation fâcheuse où l'on vous a poussé. Réfléchissez très-sérieusement à ma proposition, ne faites point de coup de tête, il faut me le promettre... Si vous avez besoin de conseils, d'une bonne parole amie, venez à moi, je ferai tout ce qui est en mon pouvoir pour vous être de bon secours.

Nous nous quittâmes après de nouvelles protestations. Quand je fus seul, je me sentis moins ému que je n'aurais dû l'être après de si pénibles révélations.

Je finissais donc par voir clair dans une obscurité qui jusqu'alors m'avait enveloppé et confondu. Ce que m'avait dit M. Wagner était exactement vrai : je n'avais qu'un homme contre moi ; mais cet homme à lui seul réprésentait une coterie.

La voix de la raison me criait intérieurement que je devais céder à cette impétueuse bourrasque et me placer pour quelque temps à l'abri de nouvelles persécutions. Marie était à jamais perdue pour moi, il ne m'était même pas permis de la revoir... Que m'importait la France !... On profiterait de mon éloignement pour me dépouiller de la fortune de mon oncle ; je commençais à m'accoutumer à l'idée de cette exhédération... Ma tante Marcelle seule me causait un profond souci ; mais elle m'aimait tant, que j'étais assuré d'obtenir d'elle tout ce que je voudrais, même le sacrifice de notre séparation...

Vingt-quatre heures de réflexions agitées entraînèrent ma résolution. J'écrivis à M. Wagner : J'accepte, et voici qui vous permettra de me bien connaître : c'était le nom des villes où j'avais séjourné depuis mon départ de l'École normale.

L'avoué prit une quinzaine : après quoi il me fit dire qu'il m'attendait.

La première chose qu'il mit devant mes yeux fut une lettre d'un de ses confrères de C... — Lisez, me dit-il, et vous verrez qu'il vous reste encore d'honorables amitiés. Cette lettre en effet était pleine de bons souvenirs et de bienveillance affectueuse. Mon cœur desséché en fut doucement rafraîchi, je le sentis battre plus à l'aise et se dégager un peu des noires pensées qui l'oppressaient.

Mon départ pour l'Écosse fut arrêté séance tenante et fixé à la fin du mois de septembre. Je dus me mettre en mesure d'écrire au ministre pour demander un congé, motivé sur un voyage devenu nécessaire à ma santé. Je voulais expliquer et faire connaître les cruels déboires que je venais d'essuyer ; M. Wagner m'en empêcha, et il eut assez d'empire sur moi pour me persuader que plus je ferais de bruit, plus je me nuirais. Je crois qu'il avait raison.

Je préparais donc ma lettre avec une sage lenteur, afin d'y apporter la clarté suffisante, sans dépasser le but de prudence et de modération que je me proposais, lorsqu'une nouvelle imprévue se jeta au travers de mes réflexions et remit tout en question.

Ma tante me demandait en grande hâte, mon oncle se mourait et il témoignait le désir de me revoir immédiatement.

Nous étions à l'époque des compositions de prix ; ennuyé des obstacles que j'allais rencontrer pour partir tout de suite, des difficultés qui surgiraient peut-être à l'occasion de mon congé, je n'hésitai pas : j'envoyai ma démission, et d'un trait de plume je reconquis ainsi ma liberté.

Alors j'en vins à me demander pourquoi je partirais pour l'Écosse. Puisque mon oncle me faisait appeler, certainement il ne m'avait pas déshérité ;

j'allais peut-être me trouver assez riche pour vivre indépendant. A tout événement, je ne retirai point la parole donnée et je me réservai ce préceptorat à l'étranger, comme une ressource, dans le cas d'événements imprévus.

Il était environ la fin de juin, au moment où je quittai l'enseignement. J'étais ému du sacrifice que je venais d'accomplir ; car c'était un sacrifice, en vérité. J'aimais la carrière que j'avais choisie, et je n'étais pas assez esclave de la mode pour copier les gens de mon âge, qui passent le plus beau de leur jeunesse à regretter telle ou telle position, à laquelle au fond ils n'ont jamais songé ; mais c'est un ton aujourd'hui : toutes les carrières sociales sont encombrées d'hommes qui maudissent leur métier et semblent prendre à tâche de le déprécier : le médecin voudrait être industriel ; l'administrateur regarde le militaire avec un œil d'envie ; tandis que celui-ci, sous le joug de sa glorieuse pauvreté, rêve à la caisse du banquier et de l'agioteur.

L'esprit de notre siècle est faux et théâtral, profondément ulcéré par la jalousie et l'égoïsme poussés à leurs extrêmes limites. Tout en ne vivant que pour soi, on prétend poser pour le public.

Je n'ai point de honte d'en convenir, ce pauvre et honorable métier de l'enseignement, je l'aimais...

quelque ingrat, quelque peu lucratif que fût son labeur incessant, j'y trouvais du charme et la pleine satisfaction de mes goûts; je n'avais jamais songé à m'en séparer. Je n'étais ni ambitieux, ni infatué de mon propre mérite; je ne désirais qu'une chose, prendre racine quelque part, et y vivre en paix, de la vie douce et sainte de la famille. Ce bonheur modeste, si peu compris de nos jours, me devait être refusé, et la force des choses m'entraînait dans une agitation stérile, qui finit par un exil volontaire.

V

Je repris donc encore une fois ma course tout en travers de la France. Ce voyage par des chaleurs excessives, la tête fatiguée de préoccupations plus ou moins douloureuses, me rendit tout-à-fait malade. J'avais la fièvre en arrivant dans mon pays. La vieille servante de ma tante venait tous les jours m'attendre à la diligence. Quand elle me vit descendre, ce furent des *Jésus! Maria!* des exclamations à faire attrouper les curieux. Comme vous voilà, mon pauvre mignon, et que va dire mademoiselle !... Que vous a-t-on donc encore fait ! Le diable confonde les prêtres et les dévots!... — La réaction était non moins violente chez la servante que chez la maîtresse.

Lorsque je voulus marcher, la tête me tourna et

je fus obligé de prendre le bras d'un compatriote officieux, qui me conduisit jusqu'à la porte de Marcelle. Cette transition presque subite d'un climat modéré aux chaleurs tropicales de notre petite ville faillit m'être funeste. Je me mis au lit avec un grand mal de tête... A peine eus-je la force de m'informer de mon oncle. Jeanne, en m'aidant à quitter mes vêtements, me dit qu'il vivait encore, qu'il avait toute sa raison, mais qu'il n'irait pas loin : elle ajouta d'un air mystérieux que ma tante ne le quittait plus, — et que depuis dix jours elle veillait jour et nuit près de lui, ayant soin d'écarter les corbeaux que je connaissais.....

Une bonne nuit de repos m'enleva la souffrance, mais il me resta une défaillance générale qui pâlit encore mon visage fatigué ! Je me levai cependant et je me préparais à passer chez mon oncle; Jeanne se récria : Eh ! que faites-vous, mon bon Dieu, monsieur Adrien, votre oncle n'est point ici, il est tout là-bas au Pont-à-Rigaud. C'est là qu'il a été pris ; on n'a pas pu le rapporter. — Alors, dis-je, va me chercher une voiture.

— Est-ce que vous pourrez supporter cette fatigue, mon mignon ? vous êtes ce matin plus pâle qu'un mort... Dame, n'allez pas vous en aller aussi, faut pas que le vieux vous sonne les matines.

— Dépêche-toi, Jeanne, je veux partir à l'instant pour éviter le haut du jour.

Il fallut attendre plus de deux heures. Enfin on m'amena une méchante calèche, qui me cahota tant bien que mal jusqu'au Pont-à-Rigaud. La vieille Jeanne était partie avec moi.

En entrant dans la cour de la bastide, le cocher ayant, contre mon ordre, lancé quelques bruyants coups de fouet, je vis aussitôt ma tante apparaître sur le perron, suivie des domestiques et des grands chiens de basse-cour qui aboyaient joyeusement en sautant et flairant autour de moi.

Le premier sentiment que nous éprouvâmes l'un et l'autre, fut douloureux et pénible. Mon voyage improvisé m'avait fort défait, et la bonne Marcelle n'était plus reconnaissable. Ses cheveux gris en désordre s'échappaient de sa coiffe de nuit; des ombres bistrées entouraient ses yeux rougis, et quelques taches terreuses au front, sur les joues, accusaient un rapide envahissement de la vieillesse.

— Viens, me dit-elle, viens tout de suite, je ne sais pas ce qu'il te veut; — il est bien bas, le pauvre homme, et je crois qu'il t'attend pour mourir.

La chambre à coucher de mon oncle était une petite salle basse située tout au bout de la maison. Au lieu de me diriger par le corridor, ma tante me fit traverser la salle à manger et le salon de compagnie ; d'un geste désespéré elle m'indiquait la place des meubles absens... La dévastation était plus complète qu'à ma dernière visite. Il ne restait littéralement que les murs ; les glaces elles-mêmes avaient été arrachées de leurs trumeaux.

Mon pauvre vieil oncle que le bruit de la voiture avait tiré d'un profond assoupissement, regardait avidement du côté de la porte ; lorsque j'entrai, ses yeux eurent comme un éclair de joie. Il essaya de se soulever.

Je m'approchai de lui, très-ému : je ne pouvais retenir mes larmes. Le pauvre vieillard ressemblait à une momie et tous les symptômes d'une mort prochaine se lisaient sur son visage osseux et décharné. Cependant sa parole était libre, son intelligence lucide.

— Te voilà enfin ! me dit-il, tourne-toi du côté du jour que je te voie, mon enfant... Oui, c'est bien toi ; mais est-ce que tu reviens malade ? te voilà pâle et sombre ;... ou bien serait-ce que mes yeux commencent à se couvrir et à s'en aller comme le reste.

— Tranquillisez-vous, mon oncle, j'ai eu un peu de mal de tête, le voyage... la chaleur...

— Ah ! oui, il fait bien chaud... là surtout, et il

me montra sa poitrine... Je voudrais être tout seul avec toi.

Ma tante, qui se tenait debout et silencieuse au pied du lit, couvrant son frère d'un regard désespéré, sortit sans mot dire.

— Tu es un bon et noble cœur, continua le vieillard, tu nous as toujours aimés, je me plais à le connaître, mais il n'aurait point fallu nous quitter... Les vieilles gens, vois-tu, ça n'a plus de volonté et ça se laisse conduire... Il y a cinq à six ans, je ne faisais jamais qu'à ma tête, et rien au monde ne m'aurait fait démordre d'une idée... Depuis, mon esprit a failli, mes facultés se sont affaiblies. J'ai quelque chose à te confier, mon pauvre enfant; ça me pèse, et je ne sais comment m'y prendre pour te dire...

— Eh! mon cher oncle, ne songez qu'à vous guérir et ne vous agitez point. Vous avez donné vos meubles et peut-être quelque chose de plus, qu'y voulez-vous faire? cela ne m'empêche pas de vous aimer et de vous être reconnaissant.

Le vieillard pleurait silencieusement; d'abondantes larmes coulaient le long de ses joues creuses... Ces larmes sur ce visage qui avait déjà les tons de cire fanée, l'aspect morbide d'un cadavre, me firent mal... Je crus voir un mort qui pleurait.

— Allons, repris-je, mon bon oncle, pourquoi vous émouvoir ainsi ? suis-je donc venu pour vous faire du mal et vous attrister ?... Si vous avez quelque secret douloureux, j'en veux bien porter ma part et vous consoler, si je puis. Rappelez-vous, quand j'étais enfant, les bonnes promenades que vous me faisiez faire, comme vous saviez bien me consoler de mes petits chagrins...

Vous et ma tante, n'avez-vous pas été mon père et ma mère ?

Le moribond sanglotait. L'inquiétude me gagnait : j'avais peur de le voir expirer tout d'un coup dans ce paroxysme de douleur concentrée.

— Mon pauvre vieil ami, mon oncle, calmez-vous, je vous en supplie ; quoi que vous ayez fait, vous me connaissez assez pour savoir que mon cœur ne gardera jamais rien contre vous... Qu'est-ce donc qui vous tourmente ainsi ? Avez-vous fait un testament ?...

— Oui, et pire que cela, mais je veux réparer ce qui est réparable... Depuis qu'ils ne sont plus là à me tourmenter, à me parler de l'enfer, à me dire que tu es un adepte de la philosophie voltairienne, un méchant rouge taillé dans le même drap que les

Blanqui et les Barbès, mon cœur s'est retourné...
Et puis j'ai rencontré un bon prêtre, un homme de
Dieu qui m'a dit : « Point d'injustice, mon cher ami,
point de dispositions violentes... L'injustice est un
mauvais oreiller pour reposer sa tête, lors du dernier sommeil... Que n'ai-je suivi plutôt ses bons
conseils ! que n'ai-je jamais eu d'autre confesseur
que lui !...

Cependant, mon neveu, ne perdons point de
temps. Va dire à Rainçois qu'il attelle de suite, et
qu'il aille me chercher le notaire de saint Androl,
c'est celui de notre canton et le plus proche... Il
faut que le notaire quitte tout et que le valet le
ramène.

Aussitôt rentré, Rainçois repartira pour A... Que
l'on donne l'avoine au petit bidet, afin qu'il soit
prêt à courir...

— Mais, mon pauvre bon oncle, pourquoi vous
embarrasser l'esprit ?...

— Ne me dis rien, obéis-moi sans observation et
avec célérité... Ah ! mon fils ! mon pauvre fils ! si
tu peux me pardonner, au moins je mourrai tranquille.

La tête du vieillard épuisé retomba sur sa couche ;
il me fit signe de sortir.

La vieille servante vint me remplacer et pendant que je donnais les ordres ; ma tante marchait sur mes talons, en me faisant des questions incohérentes et précipitées : qu'est-ce qu'il t'a dit? qu'est-qu'il te voulait ? tout est-il perdu?... les porteurs de besace auront-ils le dessus !

— Je ne sais pas, nous allons voir : mais, pour Dieu, ne le harcelons point, et laissons-le mourir en paix.

On me servit à manger ; Marcelle s'assit vis-à-vis de moi. Elle me dit que mon oncle se mourait d'une affection de l'estomac, occasionnée par les jeûnes excessifs qu'on lui avait fait pratiquer dans les derniers temps, afin de le détruire plus vite. Il y avait au moins deux mois qu'il était gravement malade, lorsqu'elle fut prévenue. Il l'avait fait demander plusieurs fois; mais il est probable que les gens qui l'entouraient avaient supprimé les lettres, car elle n'en reçut aucune. Enfin, un fermier envoyé en cachette par mon oncle vint mystérieusement supplier sa sœur de l'aller voir. Le paysan avait voyagé la nuit et il demandait en grâce le secret, parce que tout le monde disait que c'étaient les frères de saint Androl qui allaient hériter, et qu'ils pourraient se venger plus tard. Marcelle partit dès le petit jour et elle arriva à la bastide, au moment où un jeune frère, qui avait veillé le malade, se promenait sur la terrasse en disant son office. Le pousser par les épaules et le mettre à la porte, en l'accompagnant des épithètes les plus énergiques que fournit aux gens irascibles le vocabulaire méridional, tout cela fut l'affaire de trois minutes. — Et n'y revenez pas, voleur, mendiant, lui cria de loin la sœur irritée, n'y revenez jamais, croyez-moi ; sur ma parole, je vous ferais cette fois sauter par la fenêtre... Corneille de mauvaise chance ! oui, vous y laisseriez quelque pan de votre souquenille.

Elle avait trouvé son frère dans l'état pitoyable où je venais de le voir. Depuis dix jours, il n'y avait pas eu d'amélioration ; seulement le malade s'était maintenu. Il me demandait sans cesse, mais il n'avait rien voulu lui révéler.

Je demandai à ma tante si les pères étaient revenus.

— Je crois bien, répondit-elle en serrant les poings : dès le soir ce gueux de torscol du matin reparut avec le supérieur. Ils montaient le perron comme des gens qui entrent chez eux. Je vins à leur rencontre et je leur dis que mon frère sommeillait et ne voulait voir personne. Le supérieur me regardait d'un air à la fois moqueur et courroucé, et se préparait à passer malgré mon opposition ; mais j'avais prévu leur effronterie : toutes les clefs étaient dans ma poche. Il osa, le hardi coquin, me menacer de faire ouvrir de force.

Dans la journée, mon frère avait réuni tous les domestiques auprès de son lit, et il leur avait intimé l'ordre de n'obéir désormais qu'à moi, ajoutant que j'étais présentement leur seule maîtresse... Je profitai de la position et je fis donner un verte algarade à ces dignes larrons... C'était un rôle, va, on en a parlé d'un bout à l'autre du pays. Depuis, tu peux croire qu'ils sont restés à leur couvent. Je pense qu'ils ont un testament. Dieu merci ! le notaire ne saurait tarder. Un testament, ça se fait et ça se défait.

Je me donnai bien garde de répéter à ma tante les paroles de mon oncle. Il devait y avoir autre chose qu'un testament : quelque vente simulée, quelque bonne friponnerie convenablement et solidement confectionnée.

Marcelle dont l'indignation s'était exaltée en causant, revint sur le pillage du mobilier. Elle me raconta des faits inouïs. Ainsi, pour obtenir de mon oncle la permission de dévaster la chambre de ma grand'mère, on lui avait fait entendre que ces meubles étaient destinés à l'appartement que monseigneur occupait lors de ses visites au couvent. Le tapis devait s'en aller à Rome orner la chapelle du

Pape. Or, ce tapis représentait une scène mythologique des plus décolletées. Il fut vendu quatre cents francs à un brocanteur de Montpellier.

Le pillage des produits de la terre était empreint du même caractère de flouerie et de malhonnêteté. Une tonne d'huile, fabriquée avec un soin particulier avec des olives de premier choix, devait être envoyée en cadeau au Saint-Père. Cette tonne entra pour n'en plus sortir dans les celliers du couvent, ce qui n'empêcha pas que l'on ne remît au crédule vieillard un chapelet béni par le Pape à son intention, accompagné d'un morceau de gâteau, qui avait paru le jour des Rois sur la table pontificale. L'année suivante, la récolte de la soie avait été magnifique au Pont-à-Rigaud. Les bons pères insinuèrent à mon oncle que cette soie de merveilleuse qualité serait très-propre à fabriquer un bel ornement pour le Saint-Père. L'un des pères, Toscan de naissance, dit qu'il y avait dans sa ville un couvent de religieuses, où l'on préparait, où l'on tissait et brodait les étoffes destinées à ce saint usage. La soie fut livrée avec enthousiasme. Le cellerier la vendit à un marchand de Beaucaire. Nouvel envoi et nouveaux remerciments du Pape, avec une abondante provision d'indulgences et de bénédictions.

Vraiment ces honnêtes religieux devaient être

comme les augures... Après de pareils exploits pouvaient-ils se regarder sans rire?

L'arrivée du notaire de Saint-Androl mit un terme à la causerie de ma tante, sinon à son âpre colère.

Il pouvait être cinq heures du soir, lorsque M. Conaz entra à la bastide. Une chaleur orageuse et lourde enflammait l'atmosphère : Tout le monde était accablé : le malade seul semblait revenir à la vie; il parvint même à s'asseoir et à soutenir sa tête défaillante :

Nous étions debout auprès de son lit, le notaire et moi. Il nous regarda alternativement, puis il dit au notaire :

— Une vente peut-elle être entachée de nullité?

— Certainement, s'il y a eu fraude, dol, fausse énonciation du prix ou des contenances.

— Mais si le contrat est quittancé et l'argent reçu ?

— Cela dépend, monsieur Fabrigue; dans tous les cas, il faut une action judiciaire...

— C'est-à-dire un procès. Je n'ai plus assez de temps, tu verras plus tard toi, Adrien... Vous allez faire mon testament, monsieur Conaz, c'est pour cela que je vous ai fait venir. Vous n'êtes pas mon notaire habituel, cependant je me fie à vous... Il faut que ce testament soit dressé au parfait, entendez-vous, qu'il annule toute disposition antérieure et contraire... Mettez-y, je vous prie, toute votre attention.

Le notaire s'inclina. Il s'approcha de la table, ouvrit son portefeuille, chercha ses plumes et son papier timbré.

— Mon pauvre ami, dis-je à mon oncle dont je soutenais la tête contre ma poitrine, si nous attendions à demain. Vous ne savez pas combien je suis affligé du tourment que je vous cause...

— Demain!... qui sait si je le verrai; Dieu n'est pas obligé de prolonger les miracles, et c'en est un que j'aie pu vivre jusqu'ici. Appelle ta tante.

— Ma sœur, dit-il en lui tendant sa main décharnée, tu permets que je te substitue Adrien?

— Sans doute... sans doute, donne-lui tout, c'est ce que je te demande depuis des années...

— Tout!... et mon oncle soupira profondément... oui, continua-t-il après un moment de silence, tout ce qui reste, je ne peux pas donner davantage...

Ma tante voulut parler, je la suppliai du regard, elle me comprit et se tut.

La rédaction du testament ne fût pas longue; j'étais légataire universel, sans aucune charge, ni restriction. Monsieur Conaz demanda s'il n'y avait point à ajouter quelque disposition pour les messes et les aumônes. Non, dit mon oncle, sous ce rapport-là je crois avoir payé largement ma dette.

Une fois les termes arrêtés, on fit entrer les témoins : c'étaient l'instituteur communal du Pont-à-Rigaud, un ancien notaire et deux cultivateurs propriétaires de vignobles. Plusieurs paysans s'étaient d'abord excusés, dans la crainte d'encourir la haine religieuse.

Les domestiques, les voisins qui voulurent entrer furent aussi admis; les portes étaient grandes ouvertes.

Mon oncle saluait chacun par son nom et répondait amicalement aux questions et aux condoléances que lui adressaient ses amis et ses ouvriers.

Le testament fut lu et signé en quelque sorte publiquement. Un murmure d'approbation circula dans les groupes; les domestiques se livraient à leur joie expansive et comblaient de bénédictions leur vieux maître.

Il était plus de 9 heures, quand tout le monde se retira. Je suppliais le vieillard de ne plus s'occuper de rien, de se reposer. — Oh! non, reprit-il d'une voix calme, presque forte, non, ce n'est pas tout encore... Rainçois doit être prêt, il faut qu'il parte pour A..., qu'il entre et que je lui donne mes enseignements.

Ce fut à voix basse qu'il s'entretint avec ce garçon aussi dévoué qu'intelligent. Un moment après, il fut en selle et je le vis filer comme un trait le long de la grande route.

Jusqu'alors je n'avais pu bien comprendre de quelle maladie le pauvre homme était atteint. Ma tante prétendait que les frères avaient essayé de le tuer en le poussant à des jeûnes insensés. Plus tard, elle émit l'idée qu'ils l'avaient empoisonné, ce qui faillit lui attirer une très-désagréable affaire. Le fait est qu'il se mourait d'un squirre de l'estomac, et, lorsque j'aidai Marcelle à lui faire prendre quelques cuillerées de bouillon avec le secours d'une sonde, que je fus témoin des angoisses et des convulsions causées par le liquide introduit avec tant de peines, je ne conservai plus d'espoir. Le vieillard devait mourir.

L'orage qui couvait depuis le matin, éclata pendant la nuit, et nous crûmes à plusieurs reprises qu'il allait expirer entre nos bras, tant il était soulevé par cet air chargé d'électricité et de vapeurs dévorantes. Cependant il s'endormit aux premières lueurs du matin. Quelque effort que je fisse, je ne pus envoyer Marcelle se reposer... Oh! disait-elle, s'ils allaient venir!... vois-tu, il faut que je sois-là, ils l'achèveraient... et puis il faut que je défende le reste de ton pauvre bien...

Ces craintes, cette aversion prenaient chez elle le caractère d'une monomanie.

J'étais exténué et je montai pour me coucher quelques heures. On fut obligé de jeter un matelas de domestique sur une des paillasses, le seul objet qui restât pour garnir les couchettes. Il n'y avait plus que des draps de toile bise, et la servante me raconta, en dressant mon lit, que ma tante avait été obligée d'envoyer chercher chez elle des draps pour le lit de monsieur.

Je dormis peu. L'état de mon bon vieux parent m'affligeait sincèrement, et, si désintéressé que l'on soit, il est difficile d'être calme en face d'événements tels que ceux qui avaient marqué la journée précédente, et qui allaient probablement achever de se dérouler dans celle qui commençait.

Cependant j'avais fini par m'assoupir tout à fait, quand je fus éveillé assez brutalement... C'était Rainçois qui entrait dans ma chambre avec ses bottes. — Allons, me dit cet homme, levez-vous vite, monsieur Adrien. — Oh! Dieu, m'écriai-je, il est mort, n'est-ce pas?... — Non, non, mais ils sont tous là, on n'attend plus que vous. — Tous... que veux-tu dire? — L'avoué, le confesseur de monsieur, le notaire d'hier; celui de M.... — et, ajouta-t-il en souriant d'un air moqueur et narquois, le supérieur des frères y est aussi; il regarde diablement noir.

Je m'habillai à la hâte. Je ne comprenais rien à cette bizarre réunion.

La première chose qui me frappa en entrant chez mon oncle, ce fut d'abord le pauvre mourant recouvert seulement d'un drap qui laissait entrevoir ses formes anguleuses et roidies. N'était l'éclat fébrile de son regard et sa respiration haletante, on l'eût dit mort depuis plusieurs heures. Il me sourit affectueusement et me fit signe de rester à l'entrée de la salle. Marcelle était au chevet du lit. Elle avait dédaigné de ramasser ses cheveux sous son bonnet, ils formaient une singulière auréole à l'entour de son visage qu'empourprait une sourde colère. Ses yeux flamboyants étaient fixement arrêtés sur le supérieur et sur le religieux qui l'accompagnait.

Un prêtre d'un extérieur vénérable était assis au pied du lit. Il avait une attitude pleine de calme et de sereine dignité. Le père Magnan lui renvoyait les regards furibonds qu'il recevait de ma tante.

Les hommes d'affaires étaient debout dans l'embrasure d'une fenêtre et causaient tout bas.

Mon oncle voulut s'asseoir. On le soutint avec une pile d'oreillers.

Messieurs, dit-il, et vous, père Magnan, je vous ai convoqués, afin de faire publiquement une déclaration qui soulage ma conscience et me permette de mourir en repos. Prêt à paraître devant Dieu qui m'entend et qui me jugera bientôt, je déclare et confesse : que, sur de faux rapports relatifs à mon neveu, exploités et envenimés par des conseils intéressés, j'ai commis la mauvaise action de vendre mes biens du Rouergue à M. Balladier ici présent : lesquels biens j'avais attirés par-devers moi, au préjudice de ma sœur et de mon neveu, dans la succession de notre oncle Royou. Je reconnais que j'ai manqué à la probité religieuse et morale, en disposant desdits biens, frauduleusement soustraits à mes cohéritiers, et sur l'observation que j'en soumis à mon directeur au sujet de cette fraude, il m'affirma que je ne pouvais mieux réparer ma faute qu'en donnant ces biens à l'Église... — Je déclare devant Dieu, que pas une obole de cette vente n'est entrée chez moi, et que tous les fonds ont été versés immédiatement et en présence du notaire, ès-mains du père Magnan et du père Hilarion, l'un supérieur et fondateur, l'autre cellerier des frères de...

Le Père Magnan voulut se récrier, le sang lui sortait par tous les pores du visage.

— Attendez, reprit mon oncle, mes heures sont comptées, je vous défends de m'interrompre. — Monsieur Balladier, approchez-vous. A qui avez-vous compté l'argent du moulin, des magnaneries, etc... enfin de tout ce que vous m'avez acheté?

Balladier, évidemment embarrassé, regardait tour à tour le religieux et le notaire, aucun n'osait lui faire signe. Ce Balladier était un maître fripon, il trouva un biais et répondit : Monsieur Fabrigue, nous parlerons de cela lorsque vous serez guéri ; vous n'êtes pas, à l'heure qu'il est, en état de vous occuper d'affaires; plus tard, quand vous aurez vos idées libres, eh bien! nous nous expliquerons.

— Ne pourriez-vous, monsieur, vous expliquer maintenant? lui dis-je d'un ton fort sec.

— Monsieur Adrien, j'ai acheté les métairies de Royou à monsieur votre oncle; il m'a tourmenté pendant six mois et me disait qu'il voulait placer son argent autrement.

— C'est bien, et cet argent, vous l'avez déposé entre les mains de cet honnête religieux...

Mon oncle fit un geste pour provoquer l'attention et il reprit : Vous, monsieur Desportes, le paiement s'est effectué dans votre étude, sous vos yeux ; je fais appel à votre probité ; qui a reçu l'argent ?

— Mais je ne sais trop, répondit le notaire : le Père Magnan et son secrétaire étaient avec vous, puis un laïque dont je ne me rappelle pas le nom. Je croyais que ces messieurs vous accompagnaient pour votre sûreté personnelle...

Le Père Magnan et Balladier eurent un sourire d'approbation.

— Je vois, dit le moribond, que vous êtes tous de malhonnêtes gens. On me le disait... mais, mon Dieu, qui l'aurait pu croire. Écoutez-moi donc, vous tous qui êtes ici, et répandez mes paroles au dehors ; — il éleva la voix autant que le lui permit sa faiblesse, afin d'être entendu même de ceux qui stationnaient dans la pièce d'à côté : oui, écoutez-moi ! Je déclare, je jure devant Dieu que j'ai été trompé indignement ; que l'on m'a persuadé que ce serait un péché mortel de laisser la moindre parcelle de mon bien à mon neveu... Je déclare que la vente de mes métairies m'a été arrachée par des obsessions continuelles ; que le testament qui est déposé chez maître Desportes m'a été surpris à l'occasion de lettres calomnieuses, où l'on me dépeignait mon neveu comme un épouvantable scélérat ; ces lettres, il les trouvera dans un tiroir de mon secrétaire, à ma maison de ville : Je lui demande pardon d'avoir été la dupe de pareilles friponneries... Hélas ! qui pourrait soupçonner tant de noirceur chez des hommes qui se disent chrétiens et meilleurs que le commun du monde !

Le Père Magnan fit une affreuse grimace.

Enfin, continua mon oncle, si Dieu m'eût laissé le temps, je comptais attaquer cette vente et la déférer aux tribunaux... Je demande encore une fois pardon à ma sœur et à mon neveu...

Ici la voix du pauvre homme s'affaiblit et s'attendrit. Nous essayâmes de le calmer ;... ma tante pleurait à sanglots; elle embrassait son frère en lui disant qu'elle ne lui en voulait point, et je lui faisais les mêmes protestations.

Pendant cette scène douloureuse, Balladier et Desportes décampèrent. Ils étaient extrêmement agités.

Magnan fit signe à l'abbé Novion de le suivre. Je les entendis causer vivement dans le salon de compagnie. Le Père menaçait le confesseur de dénoncer sa conduite à l'évêché; il s'emportait en invectives, et je ne fus pas peu surpris de l'entendre reprocher au prêtre séculier d'être de l'école de Jocelyn. Il le traita de socialiste, de panthéiste, de protestant aussi, je crois. Un moine en colère est en général dépourvu d'urbanité. L'abbé Novion répondait froidement ; il disait qu'il avait suivi les inspirations de sa conscience, et que rien au monde ne le ferait ployer, quand il s'agissait de questions reposant sur le droit naturel et la probité.

Ils durent se séparer fort mécontents l'un de l'autre.

La physionomie du supérieur m'avait profondément impressionné. C'était un homme de cinquante ans, très-basané et marqué de petite vérole. Il avait d'épouvantables yeux jaunes, ronds, étincelants dans leurs orbites enfoncées sous des sourcils agités d'un froncement perpétuel, un nez rouge à larges narines, une bouche de panthère et des allures singulières, oscillantes, assez semblables au balancement inquiet de la bête fauve derrière son grillage. Ce n'était peut-être pas au fond tout à fait un coquin ; ambitieux, intrigant, souple ou violent selon l'occasion, il passait, même parmi le clergé, pour un *saint* qui voulait faire son chemin : et comme il manquait souvent de ce vil métal indispensable à tous les hommes, dévots ou impies, il battait monnaie, tantôt d'un côté, tantôt de l'autre... Qu'importaient après tout les moyens, c'était toujours de l'argent qui rentrait dans les coffres du bon Dieu... S'il épousa la querelle de Banoud et compagnie, ce fut autant pour supprimer l'héritier et le remplacer, que par zèle de confraternité dévote.

Le secrétaire qui accompagnait cet illustre restaurateur d'une congrégation oubliée, était, par contraste, un beau grand jeune homme à figure pâle et ingénue. Il me parut très-ému de ces tristes incidents.

Mon oncle se confessa immédiatement et reçut les derniers sacrements. Après cette sainte et consolante cérémonie, le vieillard ferma les yeux, défendit qu'on le troublât et parut plongé dans un calme bienfaisant.

L'abbé Novion, après avoir assisté son pénitent, consentit à déjeuner. Ce fut là que je fis plus ample connaissance avec ce digne et vénérable prêtre. Il s'entretint de ces malheureuses affaires avec l'avoué; je remarquai qu'il les traitait en homme du métier. J'appris plus tard qu'il avait été avocat, avant d'embrasser le sacerdoce.

Il me conseilla la patience et la résignation, tout en convenant de l'indignité des procédés dont on usait envers moi. Ces bons conseils n'étaient nullement du goût de l'avoué, et, lorsque l'abbé fut parti, le diable de légiste m'enflamma la tête et me la monta de son mieux. On sentait qu'il avait hâte de voir la mort porter son dernier coup, afin d'emmancher un de ces bons et profitables procès que ces messieurs savent si bien éterniser.

Je le dis en rougissant, nous discutions tranquillement, à deux pas du maître de cette maison, les diverses chances de son héritage,... et le vieillard respirait encore.

Ces questions d'argent ont quelque chose d'âpre, d'absorbant, qui semble éteindre tous les sentiments du cœur. L'avoué parlait déjà de la manière d'entamer le procès; nous ferions venir un avocat de Paris, un homme célèbre qui confondrait les Frères, et à tout événement ferait justice de leurs insignes friponneries; ce serait toujours quelque chose, à défaut de mieux. J'entrais volontiers dans cette idée-là. En dépit de mon indifférence et de ma résignation, une mortelle rancune absorbait enfin mon esprit et j'avais encore plus soif de vengeance que d'envie de recouvrer cet héritage dont j'étais deux fois frustré.

L'avoué passa toute la journée à la bastide; nous pensions que mon oncle le ferait appeler tôt ou tard.

Sur le soir, il sortit du grand abattement qui le tenait depuis le matin, et sa première parole fut pour s'informer si Duval était resté. Avec une inappréciable finesse d'organe dans un moment pareil, le moribond avait entendu partir tous les personnages du drame qui s'était passé dans sa chambre.

Il s'entretint plus d'une demi-heure avec l'avoué, et celui-ci lui ayant dit qu'il se faisait fort de me faire gagner le procès que l'on intenterait aux frères, un sourire desserra ses lèvres contractées, et il dit : Écoute, Duval, tu es un enfant de notre pays, je te confie cette affaire en mourant, dirige bien mon neveu; quant à moi, je vais m'en aller tranquille.

Il vécut pourtant encore sept à huit jours au milieu d'atroces souffrances supportées avec un héroïque courage. L'abbé Novion venait le voir tous les jours. Mon oncle disait en prenant la main du prêtre : Mon bon ami, je suis plus heureux dans la mort que je ne l'ai été pendant mes dernières années... J'allais à l'inverse de mon cœur et de ma conscience; on me disait qu'il le fallait, que Dieu le voulait; je n'étais pas assez hardi pour me croire moi-même... Quel malheur que je me sois adressé à vous si tard! mais la justice réparera tout, Duval me l'a dit.

Enfin le pauvre homme expira un matin, au milieu d'une de ces terribles crises qui se renouvelaient en se rapprochant. Quelques minutes auparavant, il nous avait demandé, à plusieurs reprises. si nous ne nous lui en voulions point; à chacune de nos réponses pleines de tendresse et d'affection, il essayait encore de nous sourire.

Quand son frère eut rendu le dernier soupir, ma tante, qui se contraignait depuis longtemps, se livra à tout son désespoir. Elle regrettait sincèrement son frère; mais la perte du malheureux patrimoine de Royou mêlait à ses regrets des sentiments furieux et déraisonnables. — Cent soixante mille francs, disait-elle, perdus, volés par ces porteurs de besace; un si beau moulin, qui était depuis deux cents ans dans notre famille; et la ferme de Puysessé que le vieux Royou m'avait promise... Ils ont empoisonné ton oncle, oui ils l'ont empoisonné, lorsqu'il s'en allait communier à leur église.

J'étais désolé de l'entendre formuler d'aussi imprudentes accusations... Ma tante les émettait sans crainte, devant les domestiques et les journaliers, devant tous ceux qui venaient nous visiter...

Les religieux de Saint-Androl s'abstinrent de paraître aux funérailles du vieillard qu'ils avaient si saintement dépouillé. Je pense qu'ils prièrent pour lui en leur particulier; c'était la moindre chose. Ils ne parurent pas davantage lors de l'ouverture du testament. On aurait dit qu'ils se trouvaient contents du riche morceau détaché de notre héritage.

La couche du mort était à peine refroidie que Duval et ma tante me harcelaient pour m'envoyer à A... visiter le secrétaire. Une fois en possession des documents que nous devions trouver là, ils prétendaient se mettre à l'œuvre et pousser rapidement leur pointe.

J'eus, à ce sujet, une conférence avec l'abbé Novion. Ce dernier me fit envisager les difficultés que l'avoué prenait grand soin d'écarter... Si j'arguais par exemple de l'état mental de mon oncle, lors de cette vente opérée depuis six mois, que pourrait-on dire du testament fait dans les derniers jours de sa vie? Et puis, de bonne foi, le vieillard était fort souffrant et fort affaibli, mais sa raison s'était conservée claire et lucide jusqu'au dernier moment.

L'abbé me reconnaissait, au point de vue religieux et légal, le droit d'attaquer judiciairement une transaction obtenue par les moyens que mon oncle avait indiqués lui-même : mais sans nul doute j'échouerais dans mes prétentions. L'enlèvement des meubles, de l'argenterie, du linge : le pillage d'une maison depuis la cave jusqu'au grenier, choses monstrueuses et contraires à la plus simple droiture, recevraient certainement un blâme sévère et public, et ce serait tout... Car enfin, je n'étais par rapport à mon oncle qu'un collatéral, et il lui était loisible de disposer de tout ce qui lui appartenait.

— Un procès, me dit encore le prêtre, satisfera votre animosité que je comprends, mais que ma conscience de prêtre et de chrétien me défend d'approuver. Vous passerez deux ou trois années de votre vie, au milieu des agitations, des angoisses, des mortelles impatiences qui dévorent l'esprit des plaideurs, pour arriver après une demi-douzaine d'arrêts, des poignées d'or jetées aux avocats, de scandaleux écrits qui flétriront la mémoire de votre vieux parent, pour arriver, dis-je, au point exact où vous êtes aujourd'hui.

Balladier, Desportes, le Père Magnan lui-même sont des associés dont l'improbité a pris ses mesures; je les crois trop forts, trop habiles pour avoir laissé une trace écrite de leurs rouerie... C'est ce que vous saurez du reste dans quelques jours. Je suis même étonné que le supérieur ne se soit pas présenté à l'inventaire, son testament à la main, car il en a un, que j'ai été chargé de lui redemander, ce qui m'a valu un accueil peu flatteur.

— Ce testament, mon cher ami, ne vous laissait pas un centime.

Dans le cas où votre oncle ne l'eût pas réformé, certainement je vous aurais engagé à plaider et peut-être eussiez-vous gagné sur tous les points, même sur la vente des biens. Le Père Magnan, qui est un rusé compère, aura jugé que la présentation de ce testament, outre qu'il était annulé, ne pouvait que nuire au passé, et il s'est abstenu.

Il vous reste environ la moitié de l'héritage de votre oncle, contentez-vous en, et jouissez-en tranquillement.

— La moitié ! c'est le tiers que vous voulez dire. Je ne connais pas encore l'étendue de la spoliation. Plusieurs pièces de terre, dépendant de cette propriété, sont aliénées depuis deux ans. Demain nous partons pour A... et c'est là seulement que nous pourrons nous rendre un compte exact du dommage. Il n'y a pas un sou ici. Depuis un an, les domestiques prenaient tout à crédit. Les créanciers arrivent de tous côtés.

L'abbé haussa les épaules : — Et dire, reprit-il, qu'il y a un saint évêque dans notre diocèse, que cet évêque tolère ces exécrables abus..., et que, si l'un de nous s'avise de se mettre en opposition, on lui inflige le blâme le plus mortifiant. Quelle pitié ! quel avenir pour la religion !... Croyez bien, cependant, mon cher ami, que si mon témoignage vous est utile en quelque chose, rien ne m'empêchera de parler, autant que m'y autorise la fonction délicate que j'exerçais près du vénérable défunt.

Je remerciai ce digne homme; je lui promis de méditer et de peser ses paroles, avant de me laisser entraîner par Duval, qui exploitait un peu mes pensées vindicatives : je lui dis que je venais d'user d'une triste manière deux années de ma jeunesse, et qu'au fond je n'avais guère envie d'en sacrifier deux ou trois autres.

L'abbé Novion était au fait d'une partie de mes aventures, que mon oncle lui avait contées à sa manière, ou plutôt de la manière dont une noire méchanceté les lui avait présentées. Il lui avait fait ces confidences en le consultant lorsque des scrupules s'étaient élevés dans son esprit, sur l'exhérédation absolue qu'on exigeait de lui. Ce que l'abbé ignorait complétement, c'étaient les atroces calomnies dont j'étais si lâchement poursuivi. Il avait d'abord peine à me croire, mais quand il fut bien pénétré de l'idée que je n'exagérais rien, il me conseilla, comme l'avait fait M. Wagner, de régler mes affaires et de quitter la France pour quelques années.

— Si j'étais un laïque, me dit-il, je pourrais appuyer mon conseil d'explications plus larges... mais comme prêtre, il y a des plaies, parmi nous, sur les quelles mon devoir m'oblige à fermer les yeux... seulement je vous avertis que toute lutte, toute resistance sera aussi dangereuse qu'inutile. Des gens plus riches, plus hauts placés que vous, ont essayé de se maintenir; ils ont été brisés.

Il n'avait pas besoin d'en jurer pour me le persuader.

Des prêtres comme ce bon ecclésiastique feraient aimer et bénir la religion, adorer sa charité et la justice de ces préceptes divins... Jamais homme de Dieu ne fut plus indifférent aux misérables calculs de l'ambition, et aux intrigues qui déshonorent le sacerdoce; plus étranger aux impressions de la politique, plus intègre dans les questions épineuses où il s'agit d'argent, de succession, d'esprit de corps ou de parti.

Aussi il était en disgrâce. Le père Magnan avait osé demander sa suspension des pouvoirs ecclésiastiques. Il faillit l'obtenir.

Le lendemain, ainsi que je l'avais dit à M. Novion, nous partîmes après le service, pour retourner à la ville. J'aurais bien voulu laisser Marcelle quelques jours encore et revenir seul. Mais il n'y eut aucun moyen de lui faire entendre raison. Son irritation prenait d'effrayantes proportions: c'était un *crescendo* qu'il devenait impossible de modérer.

Elle recommença ses imprudentes manifestations et à toutes nos connaissances elle affirmait, sans détour et sans ambiguïté, que les moines de Saint-Androl ne s'étaient pas bornés à voler deux cent mille francs à son frère, mais que, voyant qu'il venait à résipiscence et qu'il reconnaissait ses torts envers sa famille, les misérables gueux l'avaient empoisonné.

J'avais beau la supplier de se taire, lui rappelant l'autopsie que nous avions fait pratiquer et l'accord des deux médecins sur les causes de la mort du pauvre défunt, elle avait réponse à tout. L'un des médecins était un âne, et l'autre avait été payé par Magnan. Elle ne croyait point qu'on la fit assigner, parce que cela lui fournirait l'occasion de s'expliquer publiquement.

Quelque désir que j'eusse de connaître les papiers que renfermait le secrétaire de mon oncle, je retardais cette visite autant que possible; j'aurais aimé à la faire seul; mais ma tante me gardait à vue.

Cette exploration mit le comble à la fureur de la pauvre fille, et fut pour moi la source d'un amer désappointement.

Il y avait quelque menue monnaie dans une petite commode du cabinet de toilette, environ deux ou trois francs... Les obligations de chemin de fer, les montres, des boucles de souliers en or, quelques bijoux d'une certaine valeur venant de la femme de Royou et de ma grand'mère, tout avait disparu.

Pendant que Marcelle se livrait à ces contestations, interrompues par des apostrophes et des menaces épouvantables à l'adresse des moines, je me hâtais de visiter les papiers : j'espérais, d'après le dire de mon oncle, trouver dans ces papiers toute la clef et la marche des ténébreuses intrigues qui m'avaient été si funestes. Je furetai en vain, je retournai tous les tiroirs du secrétaire : il n'y avait ni lettre, ni aucun écrit suspect.

Dans la chambre à coucher, la cheminée était pleine de débris de papiers consumés, que le vent avait repoussés jusqu'au milieu de l'appartement.

Qui avait brûlé ces papiers ? personne ne put me le dire. La vieille gouvernante de mon oncle était partie en même temps que lui pour la campagne ; elle n'était revenue qu'avec nous ; et, comme nous, elle rentrait pour la première fois dans cette maison. Elle prétendait que quelqu'un s'était introduit là, pendant leur absence. Elle me montra deux chaises près d'une table, qu'elle m'assura avoir rangées contre les murs avant son départ. Enfin elle croyait que Magnan ou son secrétaire avaient une clef de la maison; et voici de quelle façon elle appuyait cette grave assertion :

Un des jours qui précéda leur départ, elle avait quitté son maitre pour aller au salut. Il était couché et déjà si faible qu'il ne pouvait plus se lever seul. Or, en rentrant, elle fut grandement surprise de trouver le sécrétaire du père Magnan auprès de son monsieur. Tous deux semblaient assez mécontents de la voir sitôt. On se hâta de lui expliquer ce fait extraordinaire, en disant que M. Fabrigue avait jeté la clef par la fenêtre; mais cette clef, elle l'avait retrouvée le lendemain dans la poche de mon oncle ; il n'était point probable que, malade comme il était, il eût pris la peine de retourner dans son cabinet remettre la clef à sa place habituelle. Enfin elle jurait qu'il n'y avait aucune trace de cendres et de papiers brûlés dans l'âtre. Si j'avais eu affaire à des gens calmes et raisonnables, peut-être une semblable donnée nous eût-elle mis sur la voie de faits aussi curieux que répréhensibles; mais il était hors de toute puissance de fermer la bouche à ces deux femmes. Leur exaspération se renforçait mutuellement, et la vieille domestique de ma tante faisait sa partie dans ce trio inconséquent.

Dès le lendemain, tout A.. savait que les héritiers

Fabrique accusaient les pères de saint-Androl de s'être introduits furtivement au domicile de leur parent, d'y avoir soustrait des valeurs et brûlé des papiers.

Ce n'est pas tout d'avoir des soupçons parfaitement fondés et de les émettre comme des certitudes, il faudrait être en mesure d'apporter des preuves... C'est ce que je me tuais à leur dire.

J'avais été si démonté de la disparition de ces papiers, sur lesquels je m'appuyais à l'avance, soit pour faire un procès, soit au moins pour renvoyer à mes ennemis une partie des ennuis dont ils m'avaient accablé; si étourdi des colères de ma pauvre tante, que j'avais oublié de visiter une cachette que je connaissais au secrétaire de mon oncle. Je retournai seul.

Probablement que les bons moines ignoraient l'existence de ce secret.

Sous une forte liasse de lettres, je trouvai cinq billets de mille francs, les boucles d'oreille de ma grand'mère, deux épingles en or, et un petit médaillon entouré de brillants. Ce médaillon renfermait d'un côté une délicieuse miniature représentant une jeune et charmante femme; de l'autre côté, une boucle de cheveux blonds s'arrondissant sur un fond de soie bleue.

Je saisis ces lettres d'une main convulsive, tout en me demandant par quel caprice le vieillard avait renfermé là cet argent, ces bijoux, ce portrait... Ne se sentait-il pas assez fort pour résister aux honnêtes voleurs qui l'exploitaient violemment, ou prévoyait-il la visite domiciliaire que l'on était en mesure de faire chez lui?

Il commençait à faire nuit. J'allumai une bougie, je dénouai le lien qui réunissait les lettres et je me mis à les parcourir.

Que vous dirai-je? l'esprit de l'homme est bien bizarre, en vérité. Ce vieillard austère, dévot, dominé par les moines, avait mis en sûreté dans ce lieu secret, non les lettres qui m'importaient tant, mais une correspondance d'amour, sans doute les lettres de la dame du médaillon. Tout cela était bien vieux, le papier était jauni, l'encre pâlie; cependant les chaudes effluves d'une passion emportée et coupable se dégageaient encore de ces feuilles usées et rongées par le temps.

Pourquoi mon oncle avait-il conservé de pareils souvenirs? La tombe recouvrait ce singulier mystère qu'il n'était plus donné à personne de pénétrer.

J'aurais préféré trouver des lettres du père Magnan et de ses acolytes.

Je devinais qu'elles gisaient là au milieu de cette

poussière noirâtre qui emplissait le foyer, mais j'avais beau remuer et fouiller, je ne parvenais à mettre la main que sur de petites parcelles roussies et insignifiantes dans leur exiguité. Je continuai mes recherches.

Je regardais derrière les glaces, dans tous les tiroirs imaginables. Enfin j'avisai une vieille houppelande, accrochée au bout de l'alcôve ; je retournai les poches et j'en tirai un vieux petit portefeuille.

En dépit du sang-froid que j'apportais à cette triste opération, le cœur me battit violemment quand je mis la main sur cet objet, qui me semblait devoir renfermer quelque secret plus important pour moi que les épanchements amoureux de la dame blonde.

Hélas ! au milieu de notes insignifiantes, de comptes d'ouvriers, je trouvai deux lettres seulement. Une de Banoud et une du père Magnan ; puis un papier plié et mis à part. Le premier document que j'ouvris, était la lettre du sieur Banoud ; elle avait un an de date ; on voyait que c'était une réponse, et la suite d'une correspondance liée entre lui et mon oncle. Je vous laisse à penser de quelle façon le saint homme me traitait, comme il plaignait adroitement un si bon chrétien d'avoir un neveu tel que moi, comme il l'engageait à tâcher de me ramener à des sentiments meilleurs ; il allait jusqu'à lui indiquer les dévotions les plus propres à obtenir ma conversion : recommandations aux exercices des Sacrés-Cœurs,... messes et neuvaines chez les moines de saint-Androl, pèlerinages à la Sallette et autres lieux : il y en avait toute une page. Fidèle à son abominable système, le bon président ne disait positivement rien d'absolument répréhensible, mais il laissait tout entendre. Il n'était pleinement affirmatif que sur les menaces à son endroit et sur la tentative d'assassinat. Il revenait avec délices, avec une fallacieuse complaisance sur cet épisode de nos relations.

Je froissai d'abord cette lettre, mu par un profond sentiment de mépris et d'indignation. Ensuite je me demandai en quoi elle pourrait servir ma cause.

La lettre du P. Magnan n'était pas plus explicite. Il parlait vaguement de devoirs de conscience, d'un plan soumis à Monseigneur ; d'argent et d'intérêt, il n'en était pas question.

L'autre papier était une consultation de l'abbé Novion et faisait réponse à des difficultés proposées par mon oncle. Cet écrit m'apprit une chose monstrueuse et nouvelle pour moi. Il paraît qu'on avait élevé dans l'esprit de mon vieil oncle des scrupules et des doutes sur la parenté qui existait entre nous.

Ces odieuses insinuations entachaient cruellement la mémoire de ma mère. Dès lors je renonçai à toute idée de procès et d'appel aux tribunaux. Je n'eus plus qu'un désir : étouffer, anéantir cette malheureuse affaire.

Quelle veille je passai dans cette maison déserte, secouant une à une les dépouilles de mon pauvre oncle... La curiosité, l'intérêt m'excitaient d'abord ; je ne songeais qu'à les satisfaire. Puis la honte, le remords me saisirent. Je me demandai ce que j'avais fait de mon cœur et comment j'étais-là, sans larmes, sans regrets, dominé par les tristes calculs d'une pensée vindicative et sordide.

Je me figurais entrevoir ces oiseaux de proie qui m'avaient précédé dans une veille semblable ; au moins eux n'étaient pas les neveux du vieillard.

Je rentrai très-abattu chez Marcelle.

Je lui dis que mes nouvelles recherches n'avaient pas été plus heureuses, par rapport aux lettres, que celles que nous avions faites ensemble. Je lui montrai l'argent, les bijoux échappés aux Vandales.

— A quoi bon, dit-elle, cela ne nous aidera guère à nous venger d'eux... Mais c'est toujours de l'argent, et voilà les pauvres bijoux que ma mère a portés jusqu'à la fin... Pauvre mère! si elle revenait au Pont-à-Rigaud!...

Elle fit une exclamation en considérant le portrait: Tiens, dit-elle, c'est pourtant le portrait de madame de la Sourdière. Alors, ils avaient raison ceux qui disaient qu'elle était la maîtresse de ton oncle... Pour moi je ne voulais point le croire.

Là-dessus la vieille fille me raconta tout un petit roman, que je me réservai d'amplifier dans mon particulier, grâce à la correspondance.

Cette faute de jeunesse avait dû être rudement expiée par le pénitent des bons pères, et surtout lui coûter plus d'un sac d'écus.

Je revis l'abbé Novion; il fut extrêmement surpris de la disparition de cette correspondance, dont l'existence était constatée par les paroles de mon oncle; les cendres du foyer, le témoignage de la vieille bonne, des clefs aux serrures de tous les meubles, formaient un ensemble de faits graves, mais il aurait fallu de la prudence et de la discrétion pour mener une enquête, et arriver à quelque certitude... L'abbé, me sachant instruit et au courant de tout, fut d'une franchise absolue. Il m'expliqua comment les révérends pères, ne pouvant venir à bout des scrupules de leur pénitent, au sujet de l'héritage de mon grand-oncle Royou, imaginèrent de réveiller une calomnie qui datait de ma naissance.

Ma mère était jeune et fort belle, lorsqu'elle épousa mon père, déjà vieux garçon et valétudinaire depuis longtemps. Ce mariage sembla si bizarre d'une part comme de l'autre, qu'il fut l'objet d'une foule de commentaires désobligeants. Des héritiers avides et désappointés firent courir le bruit que mon père était hors d'état d'avoir des enfants. De là quelques propos légers sur ma pauvre mère circulèrent tout bas; car elle était aussi vertueuse que belle, et personne n'osait l'attaquer en face.

Mon père était plutôt maniaque que réellement malade. Il avait de l'esprit, une extrême douceur de caractère; ma mère, qui le voyait tous les jours, s'y était attachée et elle l'avait épousé pour acquérir le droit de le soigner et de lui dévouer sa vie.

Il faut que l'esprit de coterie, renforcé du besoin d'argent, soit quelque chose de vraiment horrible, pour entraîner des prêtres, des religieux, à remuer ainsi la cendre des morts par des infamies dont le temps a fait justice.

Le rappel de ces bruits odieux finit par briser la résistance du vieillard. A force d'entendre dire que j'étais un affreux scélérat et que je n'avais avec lui d'autre parenté que le nom, il finit par se persuader que, à tous les points de vue, me dépouiller était un acte de justice.

L'abbé Novion me loua beaucoup sur la décision spontanée que j'avais prise au sujet de ces misérables événements.

Je reçus ces compliments avec un espèce d'embarras; car, si je renonçais à faire la guerre aux moines, je me réservais une vengeance. Avant de quitter la France, je voulais revoir Banoud et lui infliger une correction. Je n'étais pas du tout arrêté sur la nature du châtiment; mais pour ma vie elle-même je n'aurais pas renoncé à lui faire payer sa dette. Je le haïssais en proportion de l'amour qui remplissait mon âme d'une sombre mélancolie.

En vain Duval et ma tante s'y prirent de toutes les façons pour obtenir mon consentement et mettre le procès en train; je refusai nettement mon concours. Marcelle, courroucée, me menaça d'attaquer le testament qui me faisait légataire universel. Je le lui apportai et je lui dis de le jeter au feu.

— Tu es un garçon perdu, me dit-elle; tu n'as plus ni volonté, ni calcul; un lâche amour t'abrutit et t'embarrasse la tête, et tu ne songes qu'à la traîtresse qui t'a délaissé pour en épouser un autre. Ah! faut-il que je ne sois qu'une vieille femme! je leur en ferais voir aux gueux de Saint-Androl... Jamais je n'ai vu un Fabrigue faire ainsi la canne lui-même. Tu ne tiens ni de ton père, ni de ton oncle... En voilà des hommes qui aimaient l'argent. Va, si le vieux Fabrigue n'avait pas été subjugué par l'âge et la peur de l'enfer, les Judas de là-haut ne lui auraient jamais arraché un patard de son vivant. Ils l'avaient ensorcelé avant de l'empoisonner. J'ai envie de les aller dénoncer au procureur impérial.

Les moines prirent le devant et ma tante reçut un beau jour une assignation qui lui rabattit extrêment le courage et un peu le caquet.

Quelques prêtres, qui louvoyaient entre les deux partis et qui respectaient ma vieille parente, arrangèrent les choses. Ma tante promit de se taire désormais : elle l'essaya. Cependant à la sourdine elle disait : — Eh? mais, Dieu le sait bien : ils l'ont tout de même empoisonné avec une hostie : je me garde de parler, parce qu'ils sont les puissants d'aujourd'hui ; la vérité est pourtant la vérité, quoi qu'ils disent et quoi qu'ils fassent.

Je mis une grande activité à régler nos affaires. En définitive, il me restait une soixantaine de mille francs ; les honnêtes religieux en avaient escroqué plus du double.

Le mois de juillet finissait. Il m'en coûtait de faire part à la pauvre vieille du voyage que j'allais entreprendre. Cette bonne et intelligente créature, qui était tout cœur pour ceux qu'elle aimait, s'affligea de notre séparation ; mais elle comprit que cet exil était nécessaire, qu'il était le seul moyen de me soustraire à de nouvelles avanies et de me guérir de la folle passion qui minait ma vie. Elle me fit promettre de n'être absent que deux années.

Je partis le 11 août, mes malles furent envoyées directement à Boulogne.

M. Wagner m'avait écrit plusieurs fois : j'étais attendu à Édimbourg pour le 1er septembre.

En me dirigeant vers la contrée où j'avais essuyé tant de peines, je cédais à deux sentiments également déraisonnables : — revoir Marie et chercher querelle à Banoud.

Certes, je n'avais pas la prétention d'approcher la jeune femme ; je désirais seulement l'entrevoir de loin... C'était un désir insensé, mais que je ne pouvais plus réprimer.

Pour monsieur Banoud, armé de sa lettre jésuitique, je lui proposerais publiquement un duel, et, sur son refus, je verrais à aviser.

Il fallait que je fusse un sot et un fou, car, après être mille fois convenu avec moi-même que le président de la conférence était retranché dans une position où sa diabolique méchanceté se trouvait sans prise et, pour ainsi dire, inattaquable, je m'en allais le chercher de gaité de cœur, plus certain de m'attirer quelque désagrément que de le vexer lui-même.

Aujourd'hui je ne ferais plus de semblables étourderies.

Quand j'arrivai à C..., le 13 août, à la nuit tombante, j'éprouvai une de ces poignantes sensations, qui font que l'on s'en veut de vivre, et que l'on aurait le triste courage de se tuer.

Quoi ! c'était là que j'avais vu toutes les joies de ma jeunesse se fondre dans une seule douleur, là que j'avais aimé pour la première fois !... là que j'aurais pu être si heureux !... et je revenais après deux longues années de tortures, ma réputation flétrie, ma carrière brisée, déshérité en grande partie d'un patrimoine qui me revenait légitimement !... Oh ! je souffrais !..... mais j'avais les yeux secs, la respiration brûlante et saccadée.

Le lendemain, je visitai chacun des lieux qui me rappelaient un souvenir et un regret. Je revis ces grands bâtiments du lycée, ces allées ombreuses où je m'étais souvent promené avec le bon Tillières en m'entretenant de sa fille. Ici était un banc où je m'asseyais en attendant le retour de la grand'messe, pour voir apparaître ma gentille amie.

Je passai par la rue Royale, Vacher était sur sa porte ; il causait assez bruyamment avec un jeune ecclésiastique. En regardant cet homme qui possédait celle que j'avais tant aimée, je me sentis rougir de la comparaison. Il était en habit de travail, sale, débraillé, les mains noires, la barbe négligée. Un air de satisfaction bête et vaniteuse régnait pourtant dans toute sa personne et se trahissait par les intonations d'une voix capable et pédante. Je plongeai un long regard jusqu'au fond des magasins ; je n'aperçus point la pauvre Marie.

Sur un autre point de la ville je rencontrai Tillières, j'essayai de l'éviter ; il vint à moi et, me serrant affectueusement la main, il me reprocha le long silence que j'avais gardé vis-à-vis de lui ; je m'excusai sur mon changement de résidence, sur la mort de mon oncle et les tracas qui s'en étaient suivis. Nous avions besoin de causer et nous ne voulions point être remarqués des passants ; il me demanda où j'étais descendu. Le soir il vint me trouver à l'hôtel ; il sortait de chez sa fille où il avait dîné à l'occasion de sa fête.

— Que venez-vous faire ici, mon pauvre Fabrigue ? me dit-il, vous avez une figure à épouvanter. Est-ce que vous auriez quelque sinistre projet?

Je m'efforçai de prendre un air dégagé. — Non, pardieu! lui répondis-je, j'ai voulu seulement jeter un dernier regard sur cette terre qui fut un Eden pour moi...; j'ai voulu... Ma voix altérée s'éteignit, je n'eus pas la force de continuer.

— Vous êtes bien changé! reprit mon vieil ami; votre santé a-t-elle reçu le contre-coup des chagrins que vous avez éprouvés?

— Oh! pas précisément; cependant je ne suis plus le jeune homme heureux et gai que vous avez connu. Les déceptions de l'amour n'ont pas été mes seules peines. Deux années m'ont vieilli de vingt ans. Mais parlons de vous, mon ami : Votre fille est-elle heureuse?

— Elle est triste...; elle ne se plaint jamais.

— Et vous vivez tranquille à présent; votre maison vous semble bien vide peut-être.

— Je m'efforce de n'y point penser. Ces deux années m'ont été aussi funestes qu'à vous; moi aussi, j'ai vieilli de vingt ans; je voudrais être mort... Au fait, je suis aussi seul, aussi abandonné que si je n'avais ni femme, ni enfant...

— Votre gendre ne se conduit pas bien envers vous?

— Je ne dis pas cela: mais nous n'avons nulle

sympathie l'un pour l'autre. C'est un garçon sans esprit et sans instruction; hors de ses ferrailles et de ses minuties dévotes qui le font ressembler à une vieille femme, il n'est pas possible d'avoir la moindre conversation avec lui. Les dimanches, quand nous dînons en famille, il s'empare sans façon de la tribune et nous débite d'une voix qui me brise le tympan une foule d'insipides niaiseries. Il me semble toujours l'entendre crier à son magasin : Garçon, ici deux balcons de fonte !... 112 kilos à la caisse... 20 kilos de pointes... et cent tôle forte, etc... C'est sur ce ton-là qu'il maintient la causerie, et rien ne me fatigue comme d'entendre parler très-haut. C'est encore supportable en comparaison de ses querelles avec ma femme... Oh! pour lors, je n'y tiens plus; je quitte la place.

— Vous m'étonnez, mon ami : comment, le gendre d'élection se querelle avec sa belle-mère?...

— Querelle est un mot trop doux. Ils se disputent et s'injurient comme deux porteurs de crochets. Il paraît que Vacher est vilain pour l'argent. Ma femme, qui ne veut pas que sa fille soit moins élégante que madame de la Borie, fait le siége de la caisse du mari. Ce sont des scènes pitoyables. Le quincaillier insulte madame Tillières : il l'appelle une ruine, une dépensière, un panier percé.....

Celle-ci traite son gendre d'Harpagon (elle se souvient de Molière), d'avare, d'usurier, de boutiquier. La pauvre Marie est entre ces deux furieux, protestant qu'elle ne demande ni ne désire rien. Enfin, et pour combler la mesure, ma femme vient se plaindre à moi de Vacher ; elle me reproche d'être insensible aux injures qu'il lui dit. Je lui réponds qu'au fond cela m'est bien égal et qu'ils se démêlent ensemble, que je n'ai point personnellement à m'en plaindre. Véritablement, il est toujours convenable avec moi.

Au commencement de l'hiver dernier, elle se fâcha tout-à-fait. Elle prétendit que Vacher l'avait jetée à la porte, et elle ne retourna plus chez sa fille. Depuis le mariage de ma pauvre enfant, j'ai pris l'habitude de monter chez moi ou d'aller faire un tour, aussitôt après le dîner. Un jour, un soir veux-je dire, elle apparut toute pâle et comme honteuse sur le seuil de mon cabinet. — Voulez-vous, me dit-elle en entrant, me permettre de passer la soirée chez vous? je suis toute seule en bas; c'est bien triste. Je lui fis signe de s asseoir : j'étais trop ému pour répondre. Cette femme, je l'avais tant aimée autrefois !... Elle revint ainsi tous les soirs. Elle cousait ou tricotait ; j'avais la tête sur mes livres... Nous échangions quelques mots sans suite et presque sans signification. Le temps des amicales causeries était passé... Tout ce que je pouvais prendre sur moi, c'était de supporter sa présence. N'est-ce pas à son implacable volonté, à son esprit hautain et dominant, que nous devons tout le malheur de notre vie?

Les fêtes de Pâques réconcilièrent les deux dévots, et vous voyez, mon cher ami, qu'il y a partout du bon dans la confession et l'intervention des prêtres : mais tout en réconciliant ces deux âpres natures, il leur est impossible de les faire vivre en paix.

— Votre fille doit souffrir cruellement.

— C'est possible ; cependant je vous l'ai dit, elle ne se plaint jamais. Son mari, quoique assez brusque, lui parle avec une douceur relative. Il voulait la mettre à la caisse ; cela ne déplaisait point à Marie ; car, voyez-vous, mon pauvre ami, le commerce a un côté de vie et de gaîté qui sourit à la jeunesse. Quand j'entre en passant au magasin, quand je m'y asseois quelques instants, que je regarde tout ce mouvement, que j'entends compter les piles d'écus, remuer l'or dans le tiroir, je finis par comprendre qu'il y ait des gens qui s'identifient à cette vie matérielle, comme nous autres, nous nous passionnons pour nos livres et nos études. Donc, Marie acceptait volontiers sa place, dans le petit bureau fort élégant que Vacher lui faisait préparer ; mais ma femme, avec son infernal amour-propre et sa bégueulerie, s'opposa de toute sa force à cet arrangement; elle disait, pour justifier son opposition, qu'elle avait marié sa fille à un négociant (voyez la sotte prétention) et non à un petit marchand... Et comme le gendre est aussi emporte-pièce que sa belle-mère, et qu'il ne cédait point, madame Tillières eut l'imprudence de remuer une autre corde. Elle imagina qu'il n'était pas bienséant que sa fille, jeune et belle comme elle l'était, fût en rapport incessant et familier, tant avec les employés qu'avec les clients. Elle dit encore que le bureau donnait sur une rue très-fréquentée et toujours remplie de promeneurs et d'oisifs qui finiraient par remarquer la jolie caissière : tant et si bien qu'elle éveilla la jalousie de Vacher, et qu'elle finit par faire reléguer la jeune femme dans le petit salon sur la cour.

— Mais, c'est affreux ce que vous me racontez-là si tranquillement et si froidement.

— Que voulez-vous ! à force de souffrir, d'être contrarié et blessé sur tous les points sensibles, je me suis fait une seconde nature. Je ne vis plus réellement que dans mes livres. Tout le reste me semble un vain mirage plein d'impostures et de vagues il-

15.

lusions. Quand le bruit de ces querelles incessantes vient jusqu'à moi, je leur répète de s'accommoder entre eux et de me laisser en repos.

— Ah! Tillières, je ne vous reconnais plus, mon bon ami! est-ce que vous avez cessé d'aimer votre fille?

— Je crois qu'oui, répondit-il en baissant la tête. Puis il reprit : Et vous, Adrien, pourquoi êtes-vous revenu, mon cher enfant?... Vous êtes aussi triste, aussi brisé que moi. Je ne sais si je n'ai pas plus de crainte que de plaisir à vous revoir : oh! il ne faut pas nous causer de nouveaux chagrins. Vous voyez que notre part est bonne et que nous en avons vraiment tout autant qu'il faut.

Je m'efforçai de le rassurer ; mais il avait toujours les yeux sur les miens, et il tâchait de lire dans mon regard ce que je ne voulais pas avouer : c'est-à-dire le motif de ma brusque apparition. Je lui dis : — Je ne serai plus ici après-demain ; j'ai une petite affaire à régler avant de quitter la France ; cette affaire me concerne seul.

— Vous partez?... Et où allez-vous donc?...

— En Écosse ; mais j'ai des raisons pour vous prier de n'en parler à personne.

— Et votre position, votre avenir?...

— Je n'appartiens plus à l'enseignement.

— Oh! mon Dieu, que de soucis, que de peines!... pourquoi faut-il que j'aie abdiqué lâchement mes droits et mes devoirs de père de famille?... Rêveries de savant, songes creux de l'étude, livres maudits!... c'est à vous que j'ai sacrifié le bonheur de ma fille!... J'ai beau m'étourdir, me renfermer avec vous,... vous ne me rendrez jamais tout le bonheur que vous m'avez pris!...

Le pauvre Tillières passait ainsi d'une idée à l'autre, dominé par cette mobilité d'impressions qui faisait le fond de son caractère.

Je voulais le reconduire; la soirée était fort avancée. — Non, dit-il, il ne faut pas qu'on nous voie ensemble...

Je le reconnus encore à ce trait de prudence craintive.

Le 15 août s'annonça, dès le matin, par ces triples volées de cloches qui répandent dans l'air je ne sais quelle magie de gaîté et d'entrain. Du fond de ma chambre d'un jour, j'écoutais ces premiers bruits du matin, et mon cœur ulcéré retrouvait une à une toutes les douleurs du passé.

Je me souvenais du bouquet offert à Marie, la veille de sa fête...; de l'intervention de la mère qui ne voulut pas me permettre de l'embrasser et du regard charmant et attendri qui me paya de cette cruelle déception.

Je me disais qu'aujourd'hui j'allais certainement la revoir,... que ce serait un dernier, un éternel adieu, et qu'en la voyant au bras d'un autre, ce serait peut-être aussi la mort de mon fatal amour.

A l'heure où la procession sort de la cathédrale, je m'en allai errer dans les environs. Je remarquai, parmi les hommes qui suivaient le clergé, Banoud, la figure contrite, le cou allongé, faisant ses simagrées habituelles. Derrière lui marchait le trésorier; son visage enluminé, sa physionomie presque joviale faisaient un singulier contraste avec la face jaune et parcheminée du président.

Je me mis alors hardiment à la recherche de madame Vacher, d'autant plus que j'avais aussi aperçu sa mère armée d'un chapelet redoutable et suivant d'aussi près que possible la statue de la bonne Vierge.

Comme je passais sur la place Saint-Michel, je vis défiler devant moi tous les Marigny. La mère donnait le bras à madame de la Borie. Malvina, plus belle et plus brillante que jamais, s'occupait d'un beau poupon emmaillotté de dentelles, qu'une nourrice bretonne portait sur ses bras. Je crus m'apercevoir que, par-dessus l'épaule de la nourrice, elle répondait aux œillades enflammées d'un sous-lieutenant de dragons qui la suivait de près. Ses deux sœurs, aussi jolies et moins effrontées qu'elle, attiraient déjà les regards des hommes.

Malvina était mise avec la dernière élégance. Sa taille fine et cambrée se dessinait sous un magnifique châle de dentelle noire. Le vieux la Borie me sembla rajeuni. Tous ces gens-là me parurent fort heureux.

Ce fut par des rues détournées et assez loin de l'église que je rencontrai enfin la pauvre jeune femme dont la douce image ne pouvait s'effacer de mon cœur désolé. Elle était seule avec une bonne, et cette bonne portait aussi une jeune enfant. Madame Vacher était en outre dans un état de grossesse fort avancé.

Pauvre Marie, était-elle changée et négligée dans sa parure! L'ennui, la tristesse se lisaient sur ses traits fatigués et se confondaient avec les traces de sa position maladive. Elle marchait péniblement...

Je l'avais vue... : c'était tout ce que je désirais, et je tachai de retourner sur mes pas sans être reconnu d'elle; mais elle m'avait deviné de loin, et, au moment où j'allais prendre une autre rue, elle me fit un petit signe de tête amical qui me perça le cœur...

Pauvre! pauvre chère Marie! je me contentai de

la saluer de loin. Je n'osai l'aborder... Que le fanatisme de sa mère, que la faiblesse de son père, que sa propre faiblesse nous ont fait de mal!...

Quand je pensais à l'orgueilleuse tenue des Marigny, à l'insolent bonheur de Malvina, il me prenait des accès de rage que j'avais hâte de décharger sur le funeste artisan de notre infortune.

Le lendemain de l'Assomption se trouvait être un samedi, jour de conférence : j'avais tout calculé. Un peu avant la séance, j'entrai dans la cour qui précédait la salle de réunion, et je trouvai là quelques visages de connaissance. Plusieurs jeunes gens vinrent me serrer la main. L'un deux me demanda si je ne reprendrais point ma chaire au lycée ; je lui dis que non, ajoutant que je passais seulement à C*** et que j'attendais quelqu'un qui m'avait donné rendez-vous à la conférence. J'étais si calme en apparence, que personne ne soupçonna mon dessein.

Une demi-heure s'écoula, et je vis apparaître Banoud escorté de Vacher et d'un pharmacien, ses satellites accoutumés. Je m'avançai vers lui... Il fit un pas en arrière.

— Ne vous sauvez pas, monsieur Banoud, lui dis-je froidement, je ne vous assassinerai pas devant tout ce monde. Tenez, reconnaissez-vous cette lettre ?

Il regardait autour de lui d'un air effaré...

— Oui, cette lettre, monsieur, c'est vous qui l'avez écrite et vous en avez écrit bien d'autres... Or quand un homme d'honneur écrit et signe de pareilles lettres, il en accepte la responsabilité.

— Monsieur... je ne sais pas... que me voulez-vous, monsieur? Il tremblait et balbutiait d'une façon comique.

— Eh bien, monsieur, ce que je vous veux, c'est ce que je vous demandais il y a deux ans, une réparation...

— Mais je ne me bats point, je ne veux pas me battre... : le bon Dieu le défend.

— Ah! vous ne voulez pas!... C'est bien. Écoutez, messieurs, je vous prends tous à témoin de ce qui va se passer. Voilà deux ans que ce monsieur me poursuit, de ville en ville, par d'atroces calomnies, deux ans qu'il empoisonne mon existence... Il n'a pas craint de jeter au sein de ma propre famille des accusations infâmes, il a cherché à m'aliéner le cœur de mes plus proches parents... Il est des injures secrètes que les tribunaux sont impuissants à punir, vous le savez tous... Que faire donc lorsque ces injures viennent d'un lâche, qui s'abrite derrière de prétendus scrupules?

Personne ne disait mot.

Vacher, qui ne me connaissait point, essaya des paroles de conciliation. — Voulez-vous prendre la place de cet ignoble coquin, lui dis-je, ce sera justice; car c'est en partie pour vous servir qu'il a commencé une série de noires actions, dont à l'heure qu'il est il dénie la responsabilité. Voici ma carte, monsieur.

Le quincaillier rougit en lisant mon nom... Aussi lâche que Banoud, il se recula autant qu'il put.

— Monsieur Banoud, repris-je, voulez-vous oui ou non accepter mon cartel?

— Mais non..., non certainement, je ne veux pas me battre... un pauvre vieillard comme moi... un homme religieux... Messieurs, mes confrères, venez à mon secours...

— Enfin, dit un jeune commis en nouveauté qui en voulait à Banoud, à cause des attaques que celui-ci avait dirigées contre ses moustaches; enfin, il ne vous fait rien, ce monsieur, pourquoi lui avez-vous écrit des sottises?... Montrez-nous donc cette lettre, monsieur Fabrigue... Et, comme il étendait la main vers moi, Banoud, hors de lui, fit un bond, sauta sur le papier dont il m'arracha les morceaux.

Un soufflet bien sec, bien net, retentit au même

instant, et la joue bilieuse du président se colora rapidement.

— J'espère, dis-je, que maintenant, c'est vous qui me demanderez raison ; ou, si vous aimez mieux, appelez-moi devant les tribunaux : les débats auront leur prix.

Je sortis sans empressement ; aucun des témoins de cette scène n'essaya d'intervenir, et même je crus remarquer sur certains visages une satisfaction railleuse.

Banoud, taquin et malfaisant, hargneux et insupportable, n'était ni aimé ni estimé de ceux qu'il présidait.

Je rentrai à mon hôtel, j'écrivis deux mots à l'honorable président pour lui laisser mon adresse à Boulogne, et pour le prévenir en même temps que j'attendrais de ses nouvelles pendant une semaine, prêt à revenir s'il le désirait.

Après cette précaution, je montai tranquillement en chemin de fer. Il paraît que monsieur Banoud jugea convenable de se tenir en repos : je n'en entendis plus parler.

Cette pauvre satisfaction était un bien mince dédommagement de tant de souffrances et de mécomptes. J'en ai rougi depuis. Ce n'était pas même se venger. De compte fait, je n'y entendais rien.

Laissons la vengeance aux devots : ils s'y connaissent ceux-là, ils y mettent le temps et la forme. J'avoue que j'étais trop vif et pas assez méchant pour entreprendre de marcher sur leurs brisées.

Voilà tout à l'heure six ans que j'habite l'Écosse, tantôt à Édimbourg, tantôt dans un magnifique château près de Loekleven...

J'ai trois charmans élèves, les deux frères et un cousin. Ce sont de ces beaux jeunes gens blonds, doux et intelligents, dont les races aristocratiques de l'Écosse et de l'Angleterre sont si richement pourvues et que l'on ne retrouve que là.

Le baronnet et sa femme sont les plus dignes gens du monde : un peu fiers peut-être au-dehors; mais, dans leur intérieur, il n'y a rien de si bon, de si paternel.

Nous avons visité souvent quelques-uns des lacs illustrés par les romans de Walter-Scott; à l'automne dernier, nous fimes une excursion au pont de Bothwell... Voyez si vous vous souvenez des *Puritains*.

Je ne suis pas heureux, mais je suis calme, c'est quelque chose. Je regrette la France, et surtout je regrette la pauvre jeune femme que j'avais choisie pour la compagne de ma vie; aujourd'hui, je sais qu'elle m'aimait, et qu'il a fallu une pression aussi complète que celle qu'elle a subie, pour me l'enlever. — Je sais aussi qu'elle souffre, qu'elle a un triste mari,... que sa vie n'est pas plus heureuse que la mienne... C'est assez pour qu'aucun bonheur complet ne puisse désormais jeter ses illusions sur mon existence dépaysée.

L'an passé, ayant besoin de renseignements sur un auteur que je fais suivre à mes élèves, j'écrivis à Tillières. Après avoir répondu à mes questions littéraires, il s'est tristement épanché au sujet de ses peines de famille.

« Vous me demandez des nouvelles de ma pauvre enfant, mon cher Fabrigue, je n'en ai pas de bonnes à vous donner : Marie est grosse pour la cinquième fois, et sa santé est profondément altérée... Cette pauvre belle enfant que vous avez vue si brillante des fraîches couleurs de la jeunesse, est maintenant d'une effrayante délicatesse. Quand vous eûtes la malheureuse idée de passer ici, il y a six ans, vous savez qu'un nuage existait encore entre ma fille et moi : tout cela s'est dissipé, et, comme je le prévoyais à l'époque de son funeste mariage, c'est maintenant sur mon cœur que vient pleurer l'infortunée, c'est là qu'elle vient déposer le secret de ses peines.

» Son mari est une espèce de brute, qui ne se contient plus.

» Ma femme est outrée contre son gendre; pourtant celui-ci est de son choix et il pratique le mariage en rigoriste et en dévot impitoyable. Madame Tillières lui a dit qu'elle ne lui avait pas donné sa fille pour la tuer. — Il a répondu grossièrement qu'il s'était marié pour avoir une femme et que ses principes lui défendaient d'avoir des maîtresses en ville. Voilà où en sont les choses, et vous jugez des beaux discours et des étranges discussions que je suis forcé d'entendre.

» J'ai voulu hasarder une observation faite avec convenance et douceur... Vacher m'a dit avec brutalité que j'étais un impie, et que, puisque je savais le latin, je ferais bien d'étudier un peu la théologie.

» Ma femme menace de reprendre sa fille : malheureusement nous n'en avons pas le droit.

» L'avarice du quincaillier s'accroît en proportion du nombre des enfants : il faut bien qu'il amasse des dots.

» Nous sommes obligés de nous imposer des privations de toute sorte, pour venir au secours de notre enfant, qui serait vêtue comme une servante ainsi que ses petites filles, si nous n'y avisions.

Croyez-vous que ce méchant drôle gagne dans son commerce plus de vingt-cinq mille francs par an, et qu'il ne veut pas payer les chapeaux de sa femme. Il a des raisonnements absurdes, dont il n'est pas possible de le faire départir. Il prétend qu'une femme mariée ne doit avoir de coquetterie que pour son mari, et que lui, n'attachant pas pour *deux liards* de prix à l'étoffe d'une robe ou à la forme d'un chapeau, Marie doit se contenter des moindres vêtements. « Je me soucie bien des chiffons, dit-il, pourvu qu'il y ait des écus dans mon coffre. » Il n'était pas ainsi la première année de son mariage : il se parait de la beauté de sa femme..

» Il y a un fonds de jalousie en tout ceci, et madame Tillières doit se reprocher d'avoir jeté les premières semences de cette vilaine passion dans l'esprit du mari. Pourtant le triste état de santé de la pauvre enfant, sans compter sa parfaite honnêteté, devrait exclure de pareilles idées. Elle a perdu, avec sa fleur de beauté, une partie de cette chevelure qui la rendait si jolie.

» Je la promène tous les jours ; nous allons au bord du canal, le long de ces beaux peupliers dont le bruissement mélancolique vous plaisait tant.

» Quelquefois nous nous asseyons vis-à-vis de la

petite ile; la bonne s'occupe des marmots, et nous parlons tristement du passé. Je ne devrais peut-être pas vous le dire, mais elle vous aimait, Fabrigue, et il a fallu de bien infâmes manœuvres pour la détacher de vous... Le récit de ces basses intrigues ferait un volume...

» Si vous vous mariez, épousez une protestante, mon ami, vous aurez une chance de moins contre votre bonheur.

» Mon vieil Hérodote dort dans la poussière de mon cabinet : j'ai trop de chagrin pour travailler. De plus, ma femme s'est chargée d'une des petites filles pour alléger le fardeau de la mère. Elle va en prendre une autre. Je suis réduit aux fonctions de bonne d'enfant. J'aurais préféré l'aîné des enfants, qui est un joli petit garçon; mais cela eût trop privé ma fille. Pour comble de misère, les deux petites ressemblent au père. Elles ont de gros traits communs et des cheveux d'un blond douteux.

» C'est un enfer que notre maison. Ma femme ne pouvant chasser comme elle veut les domestiques de son gendre, semble se venger chez elle. Le mois passé nous avons eu trois servantes, une par semaine.

» Madame Tillières ne va plus à la messe de six heures; l'enfant la tient éveillée une partie des nuits. Que sera-ce quand elle aura l'autre, qui est plus jeune et encore plus pleurarde que sa sœur? Je crois déjà voir percer en elle le mauvais caractère de Vacher.

» Celui-ci semble s'aigrir de plus en plus. Il donne l'argent par compte : tant pour la cuisine, tant pour l'entretien... Le livre de ménage est tenu comme un livre de caisse. Marie, découragée, froissée, souvent malmenée par ce brutal, ne se soucie plus de rien. L'autre jour elle me disait : « Si je meurs cette fois, ne me plains pas, ne me regrette pas !... tâche seulement de t'emparer de mes pauvres petits enfants.

» Vous jugez comme c'est gai pour un père. Une jeune femme de vingt-six ans, que nous lui avions donnée belle, fraiche, bien portante, douce et facile à vivre.

» Des êtres comme Vacher sont de honteuses anomalies ; ils semblent faits pour flétrir tout ce qu'ils touchent ; quand je le vois passer le dimanche, son gros paroissien sous le bras, entrer à l'église et faire un signe de croix démesuré, puis traverser le chœur en prodiguant les génuflexions, je ressens des mouvements intérieurs qui me soulèvent.

» A quoi la religion sert-elle à ces hommes-là ?...

» Je l'ai entendu proclamer hautement qu'il

remplit ses devoirs de chef de famille. Peut-être le croit-il lui-même.

» Ma femme voudrait m'engager dans la guerre à outrance qu'elle fait à son gendre, et, comme elle ne trouve pas en moi un auxiliaire complaisant, elle me traite de *poule mouillée*, d'homme sans caractère; elle a été jusqu'à me reprocher d'avoir cédé lors de la rupture de votre mariage... Histoire d'enfant gâté, reprochant à ses parents, les vices qu'ils n'ont pas pu l'empêcher de contracter et les faiblesses qu'ils ont eues pour lui.

» Pour achever de la désoler et de l'irriter, elle rencontre partout madame de la Borie, belle et pimpante, rieuse et folle, n'ayant que son premier enfant et conservant sa jeunesse et sa beauté. Elle se venge de cette prospérité en disant qu'elle a un officier pour amant. Je n'en sais rien, mais cela se peut. »

Voilà donc quel était le sort de Marie Tillières, unie à un néo-catholique. Il faut convenir que ces ménages qu'on représente comme devant être tout confits en douceurs conjugales, ont parfois de vilains revers de médailles.

Je ne prétends pas que ce soit la règle commune; mais ces fâcheuses exceptions ne sont pas aussi rares qu'on le pourrait croire.

Souvent j'ai réfléchi à ces singuliers effets d'une dévotion outrée qui portent comme une maladie sur le caractère. Je ne m'en suis jamais bien rendu compte. Ce sont choses plus difficiles à résoudre qu'un problème de géométrie.

Généralement il y a ici, dans cette société protestante au sein de laquelle j'ai passé déjà de longs jours, il y a, dis-je, plus de douceur et d'aménité, surtout plus de respect et de déférence envers les parents. L'aîné de mes élèves, grand garçon de dix-sept ans, ne se retire jamais le soir sans aller saluer son père et sa mère. Il aura tout l'apanage de la famille; cependant son frère et ses sœurs l'adorent, et il se montre presque paternel avec eux. Le cadet est destiné à la marine, ainsi que le cousin. Ils partiront l'an prochain; mais je dois rester auprès de l'héritier, pour l'accompagner, comme gouverneur, dans ses excursions sur le continent.

Cette famille est immensément riche. J'ai un traitement de six mille francs; on me fait des cadeaux incroyables. A mon jour de naissance, on m'a offert, cette année, un nécessaire de toilette venant de Paris, tout garni d'or et digne d'un prince. Je n'oserais pas m'en servir. Si je reste auprès de mon élève jusqu'à sa majorité, une rente viagère m'est assurée.

La tante Marcelle m'écrit tous les mois ; je lui réponds exactement. Elle a lu les romans de Walter Scott ; cela fait le fonds de nos lettres, en y joignant le compte-rendu des aménagements de nos propriétés. La bastide du Pont-à-Rigaud est réparée, et les désastres causés par l'invasion des barbares commencent à ne plus s'apercevoir. Tout est bientôt remeublé. La maison de ville est louée. Ma bonne vieille tante cumule, thésaurise, entasse écus sur écus. Elle voudrait me faire aussi riche que je l'aurais été sans l'intervention des moines de Saint-Androl; mais il lui faut encore des années pour en arriver là. Dieu les lui accordera-t-il ? Pour lui faire plaisir, je feins de prendre un grand intérêt à toutes ces affaires d'argent... Elle n'a pas encore pardonné au père Magnan ; elle dit qu'il n'a plus osé passer par devant le Pont-à-Rigaud. Je le crois bien.

Enfin elle me supplie de lui amener une nièce de la blonde Écosse, pour qu'elle puisse avant de mourir bercer sur ses genoux un petit-neveu, un cher héritier. Je la menace d'épouser une protestante... Cela ne l'épouvante pas trop ; elle convient que les protestants ont du bon, quand ce ne serait que de ne point souffrir de porte-besaces dans leur communion.

J'irai voir cette bonne fille à la fin de l'hiver

prochain, lorsque nous commencerons le grand voyage projeté. Nous devons, mon élève et moi, visiter nos montagnes, et nous prendrons pour quartier le Pont-à-Rigaud. Jugez du bonheur de la pauvre Marcelle.

L'éducation du jeune baronnet une fois terminée, j'espère me retirer et jouir en paix des restes de cette fortune tant disputée. Peut-être mon cœur cruellement blessé ne se rouvrira-t-il plus aux impressions d'un amour partagé... Peut-être imiterai-je mon oncle, fidèle à madame de la Sourdière, et resterai-je toute ma vie sous le poids d'un souvenir douloureux.

Les Fabrigue ne se marient point, disait le vieux garçon : je suis assez porté à suivre cette tradition, à laquelle plusieurs ont dû pourtant déroger, et nous en sommes les uns et les autres de vivants témoignages. Il est cependant vrai qu'il n'y a pas, dans tout le pays, une famille qui compte autant de célibataires.

Qui sait si je ne deviendrai point dévot à la fin, dominé par les prêtres et les confréries, et si, le temps aidant, la bastide du Pont-à-Rigaud ne retournera point à ce couvent de Saint-Androl qui la convoitait depuis des années !

FIN

COURNOL, ÉDITEUR, 20, RUE DE SEINE.

EXTRAIT DU CATALOGUE

A. Tranchant et J. Ladimir.

Les Femmes militaires de la France, avec 20 portraits photographiés par Pierre PETIT, 1 vol. in-8° (édition de luxe).............. 6 f. »

Alfred Sirven.

JOURNAUX ET JOURNALISTES :
Les *Débats*, avec les portraits des rédacteurs, photographiés par Pierre PETIT..... 1 vol. 3 fr. 50
Le *Siècle*, avec les portraits des rédacteurs, photographiés par Pierre PETIT..... 1 vol. 3 50
La *Presse*, avec les portraits des rédacteurs, photographiés par Pierre PETIT..... 1 vol. 3 50
Les Imbéciles, *deuxième édition*...... 1 vol. 3 »
L'Homme noir, *troisième édition*, avec une lettre autographiée de Victor Hugo.... 1 vol. 3 »
Les Crétins de Province, avec 30 vignettes ou gravure, *deuxième édition*.......... 1 vol. 3 »
Les Abrutis, avec vignettes .... 1 vol. 3 »
Les plaisirs de Bade................. 1 vol. 1 50

Dumesnil-Marigny.

Catéchisme d'Économie politique...... 1 vol. 3 50

Eug. de Mirecourt.

Les vrais Misérables.............. 2 vol. 6 »

Émile Chevalier et L. Clergeot.

Les auberges de France :
- Le Soleil d'Or, 2ᵉ *édition* .... 1 vol. 3 »
- Le Grand Saint-Éloi .... 1 vol. 3 »
- L'Hôtel de la Poste .... 1 vol. 3 »

L. de Montchamp et Ch. Mosont.

Les Reines de la Rampe (*Adrienne Lecouvreur, — Champmeslé, — Clairon, Dumesnil. — Duchesnois, — George, — Mars, — Rachel, — Marie Dorval, — Déjazet,* 2ᵉ *édit*... 1 vol. 3 »

Marius Fontane.

Les drames de l'Orient :
- Les marchands de femmes, 4ᵉ *édition*. 1 vol. 3 »
- La tribu des chacals, *deuxième édition*. 1 vol. 3 »
- Sélim l'égorgeur .... 1 vol. 3 »
- Zaïra la Rebelle (Suite des marchands de femmes) .... 1 vol. 3 »

Esménard du Mazet.

Le roman d'une Lorette parisienne (avec lithographies)..... .... 1 vol. 3 »

Antoine Camus.

Les équipées d'un soldat............. 1 vol. 3 fr. »

Adolphe Favre.

La Coupe maudite................. 1 vol. 3 »

H. Benoist.

Les Dupes de cœur................. 1 vol. 3 »

Césarie Farrenc.

Quatre millions pour un cœur, 2ᵉ *édit*. 1 vol. 3 »

Boué de Villiers.

Vierge et prêtre................... 1 vol. 3 »

Privat.

Place aux jeunes, revue du salon de 1865. 1 vol. 2 »

Jean Brunot.

Madame Vampire histoire de ta femme, avec une photographie............... 1 vol. 1 50

**

Ces dames de Bullier, avec photographie. 1 vol. 1 50

Émile Dumont.

Les merveilles de la nature en France.. 1 vol. 1 »

**

Le fils de Gibaugier, comédie en 5 actes, en prose........................ 1 vol. 1 »

V. B.

Profil de Jules Favre, avec photographie. 1 vol. 1 »

Bonneau (l'abbé).

Le Christ et les sophistes............ 1 vol. 1 »

Fernand Desnoyers.

Chansons parisiennes............... 1 vol. 1 »

Lemercier de Neuville.

Les coulisses de l'amour............ 1 vol. 1 »
Les amours d'une portière.......... 1 vol. 1 »

Paul Avenel.

La nuit porte conseil............... 1 vol. 1 »

Charles Mosout.

L'Alcôve d'un banquier............. 1 vol. 1 »
La réhabilitation d'une courtisane... 1 vol. 1 »
Le Comédien à bonnes fortunes..... 1 vol. 1 »

Georges Maillard.

Le deuil de l'amour................ 1 vol. 1 »

Paul Césaneau.

Les perverties....................	1 vol.	1 »
Les confidences d'un canapé.........	1 vol.	1 »
Les tribulations d'un Jobard........	1 vol.	1 »

Louis de Montchamp (Jacques Sorel).

Les importuns....................	1 vol.	1 »
La femme d'un imbécile.............	1 vol.	1 »

Adrien Desprez.

La première nuit des noces..........	1 vol.	1 »

Alfred Boyer.

Mémoires d'un cabinet particulier.....	1 vol.	1 »

Georges Méreuil.

Sur le trottoir....................	1 vol.	1 »

Benjamin Pifteau.

Une Aventure conjugale.............	1 vol.	1 »
Une bonne fortune de François Ier.....	1 vol.	1 »

Louis Gallet.

Les confidences d'un baiser..........	1 vol.	1 »

POISSY. — TYP. ET STÉR. DE A. BOURET.

EN VENTE A LA MÊME LIBRAIRIE :

SIRVEN (Alfred) LES ABRUTIS, illustré de 40 vignettes 1 vol. in-18... 3 fr.
— LES IMBÉCILES (2me édition)..................... 3 fr.
— L'HOMME NOIR, 1 volume grand in-18 jésus, troisième édition, avec une lettre autographiée de Victor Hugo 3 fr.
— LES CRÉTINS DE PROVINCE, 1 volume grand in-18 jésus, avec 30 vignettes ou gravures........................ 3 fr.
CHEVALIER (Emile) et CLERGEOT (L.).— LES AUBERGES DE FRANCE. 3 fr.
Le Soleil d'Or, 1 volume grand in-18 jésus................ 3 fr.
Le Grand St-Éloi, 1 volume grand in-18 jésus............. 3 fr.
L'Hôtel de la Poste, 1 volume grand in-18 jésus.......... 3 fr.
FONTANE (Marius) — LES DRAMES DE L'ORIENT.................. 3 fr.
Les Marchands de femmes, 1 vol. grand in-18 jésus, 4e édition. 3 fr.
La Tribu des Chacals, 1 vol. grand in-18 jésus, 2e édition... 3 fr.
Sélim l'égorgeur, 1 volume grand in-18 jésus................ 3 fr.
Zaïra la rebelle, suite des Marchands de femmes. 1 volume grand in-18 jésus... 3 fr.
FARRENC (Césarie) QUATRE MILLIONS POUR UN CŒUR, 2e édition. 1 volume grand in-18 jésus............................ 3 fr.
DE MONTCHAMP (L.) et MOSONT (Ch.) LES REINES DE LA RAMPE, 1 volume grand in-18 jésus.............................. 3 fr.
TESSIER (E.) GUIDE EN NORMANDIE, 1 volume grand in-18 jésus, troisième édition (broché 2 fr.), relié percaline............ 3 fr.
BRUNO (Jean) MADAME VAMPIRE. Histoire de ta femme, avec photographie, 1 volume in-18... 1 fr. 50
EMERCIER DE NEUVILLE, LES COULISSES DE L'AMOUR, 1 vol. in-16. 1 fr.
SOREL (Jacques) LA FEMME D'UN IMBÉCILE, 1 volume in-16........ 1 fr.
AVENEL (Paul) LA NUIT PORTE CONSEIL, 1 volume in-16.......... 1 fr.
MOSONT (Charles) L'ALCOVE D'UN BANQUIER, 1 volume in-16..... 1 fr.
CÉSANEAU (Paul) LES PERVERTIES, 1 volume in-16.............. 1 fr.
MÉRUEIL (Georges) SUR LE TROTTOIR, 1 volume in-16........... 1 fr.
LEMERCIER DE NEUVILLE, LES AMOURS D'UNE PORTIÈRE, 1 vol. in-16 1 fr.
MAILLARD (Georges) LE DEUIL DE L'AMOUR, 1 volume in-16....... 1 fr.
MOSONT (Charles) RHÉABILITATION D'UNE COURTISANE, 1 volume in-16. 1 fr.
DESPREZ (Adrien) LA PREMIÈRE NUIT DE NOCES, 1 vol. in-16..... 1 fr.
BOYER (Alfred) MÉMOIRE D'UN CABINET PARTICULIER, 1 volume in-16,. 1 fr.
MOSONT (Charles) LES COMÉDIENS A BONNE FORTUNE, 1 volume in-16.. 1 fr.
DE MONTCHAMP (L.) LES IMPORTUNS 1 volume in-16............ 1 fr.
CLARETIE (Jules), LA FONTAINE ET MONSIEUR LAMARTINE, Conférences faites le 3 mai 1864, in-8................................. 1 fr.
BENOIST (Honoré) LES DUPES DU CŒUR, 1 volume grand in-18 jésus.. 3 fr.
FABRE (Adolphe) LA COUPE MAUDITE, 1 volume grand in-18........ 3 fr.
ESMENARD DU MAZET, LE ROMAN D'UNE LORETTE PAUVRE.......... 3 fr.
CAMUS (Antoine) LES ÉQUIPÉS D'UN SOLDAT, 1 volume............. 3 fr.
PRIVAT (G.) SALON DE 1865, 1 volume........................ 2 fr.
MÉMOIRES D'UNE MODISTE, écrits par elle-même. 1 volume grand in-18 jésus,.. 3 fr.

POISSY. — TYP. ET STÉR. DE A. BOURET.

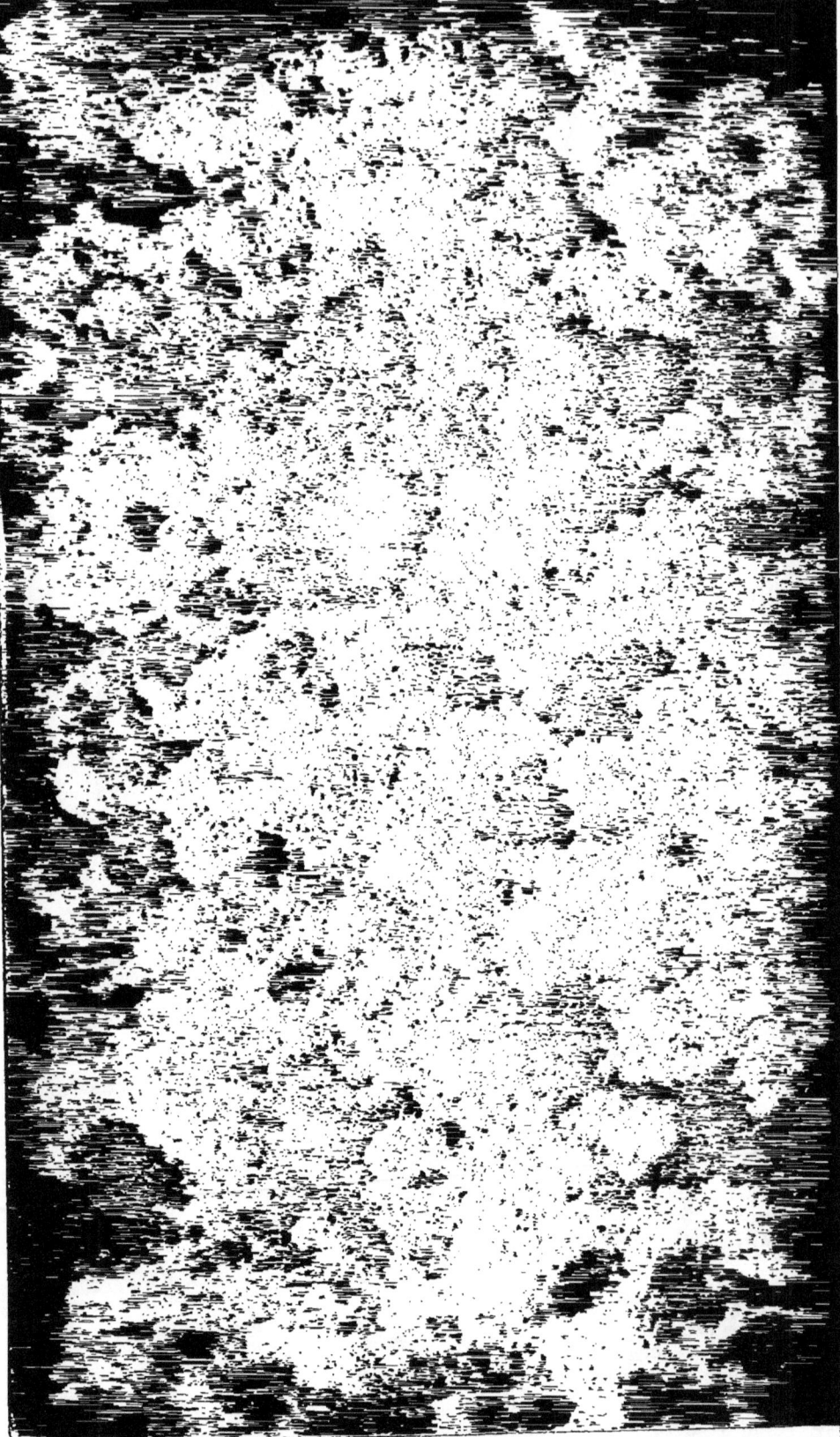

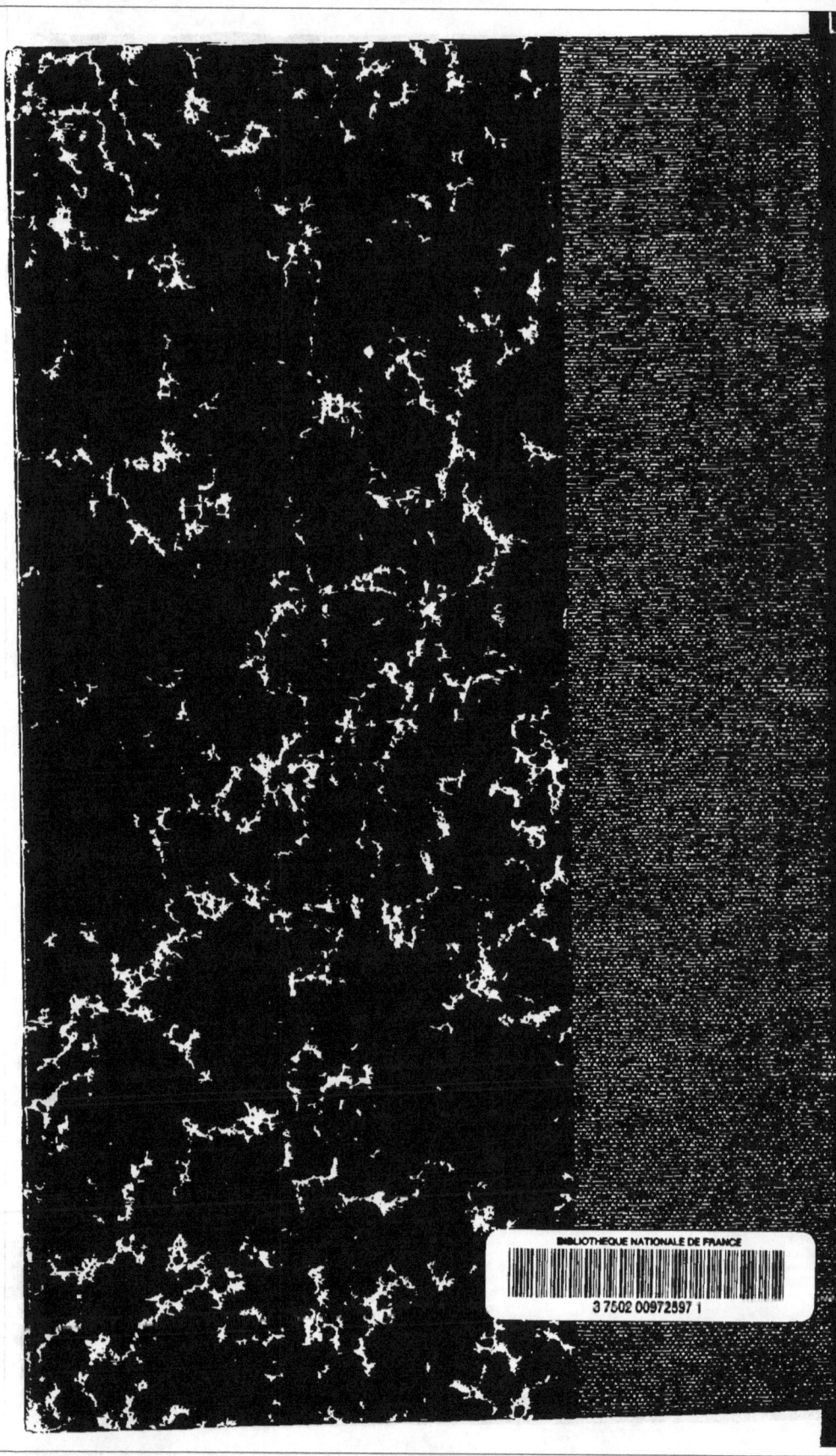

www.ingramcontent.com/pod-product-compliance
Lightning Source LLC
Chambersburg PA
CBHW071418150426
43191CB00008B/959